齐吉祥 著

三千年
字与词

天津出版传媒集团
新蕾出版社

图书在版编目(CIP)数据

三千年字与词 / 齐吉祥著. -- 天津：新蕾出版社，2023.6

ISBN 978-7-5307-7576-9

Ⅰ.①三… Ⅱ.①齐… Ⅲ.①汉语－词语－青少年读物 Ⅳ.① H136-49

中国国家版本馆CIP数据核字（2023）第088111号

书　　名：	三千年字与词　SANQIAN NIAN ZI YU CI
出版发行：	天津出版传媒集团 新蕾出版社
	http://www.newbuds.com.cn
地　　址：	天津市和平区西康路35号（300051）
出 版 人：	马玉秀
电　　话：	总编办（022）23332422
	发行部（022）23332679　23332351
传　　真：	（022）23332422
经　　销：	全国新华书店
印　　刷：	天津新华印务有限公司
开　　本：	787mm×1092mm　1/16
字　　数：	90千字
印　　张：	11
版　　次：	2023年6月第1版　2023年6月第1次印刷
定　　价：	35.00元

著作权所有，请勿擅用本书制作各类出版物，违者必究。
如发现印、装质量问题，影响阅读，请与本社发行部联系调换。
地址：天津市和平区西康路35号
电话：（022）23332677　邮编：300051

序

今天我向大家推荐一本学习优秀传统文化知识的好书，这是一本不可多得的读物。它的知识性很强，趣味性很浓，雅俗共赏，老少咸宜，并且大家可以在零碎时间阅读。

众所周知，我国是一个地大物博、历史悠久的国家，几千年积累的优秀传统文化，博大精深，源远流长。伟大的中华民族孕育了独特的民族精神和民族特质，这些都是我们不可或缺的精神食粮。中华优秀传统文化与社会主义核心价值观薪火相传，一脉相承。优秀的传统文化也是我们走向强大的软实力，学习、继承和弘扬几千年的优秀传统文化，我们这一代人责无旁贷。

我们学习优秀传统文化可以从宏观入手，阅读参考传承至今的"25史"，也可以阅读史学家写的一些历史著作。与此同时，我们还可以从微观入手，认识、了解保存下来的历史文物（包括考古发掘出的文物），通过它们代表的不同文明来具体了解历朝历代的政治、经济和社会面貌。齐吉祥先生的这本书，可以帮助我们从微观入手，学习优秀传统文化。这也是我说这本书知识性很强的原因。

当我们走进各个历史主题博物馆时，映入眼帘的基本都是几千年来老祖宗留下的各种宝贝，但有不少文物我们既叫不出名字，也不知道它们有什么功用，更不用说如何从它们身上了解历史故事了。齐先生这本书由一篇一篇字词科普知识小品文组成，每篇文章都给我们生动地讲述了该字词及相关文物的故事。如现在人们口中常说的"权衡""符合""沐浴""矛盾"等，可能大多数人并不知道它们是怎么来的。就拿"权衡"来说吧，什么叫"权"？什么又叫"衡"？现在为什么又叫"权衡"？它掂量利弊得失的含义又是怎么来的？读了这本书你就会明白。

读这本书的另外一个收获，就是学习了古今一些有趣的语言知识。对于一种新出现的事物或社会现象，人们要认识它就会给它定一个名称，以便相互交流，这个名称就会成为我们语言中的一个新词。但社会是发展的，历史上产生的事物或社会现象也是会发展变化的，其名称的含义自然也会发生变化。齐先生讲的古代的事物或社会现象以及它们命名的情况，也是我们母语中这类词的来源，如"模范""巾帼""城市"等，它们的含义和用法也随社会发展产生各种变化，以至造成了古今差异。比如，在本书《坐得舒服靠"镇"压》一文中，作者详尽介绍了有关"镇"的知识，如"镇"在古代是用来压席子的，"镇"有各种材质和形状，又介绍了"镇压"在现代的含义。现在，"镇压"多指政治上用强力压制，不许进行活动，这同本义有了很大的不同。读者由此知道了此词的本义，同时也了解了其新义。这就是语言的发展变化，人们把这种变化叫作"语义的转移"，即原指甲事物的含义转变为指乙事物。"权衡"从原衡量物体的轻重，扩大为衡量抽象事物的利弊，人们将这种语义变化叫作"词义的扩大"。

从这些发展变化中，我们知道了词义发展变化的模式和规律。这是社会的进步，也是语言的发展演变。齐先生讲解这些变化等于给我们讲了一次"汉语词语发展历史"的课，让我们对语言中的词义有了更深入、更全面的了解。为什么"权衡"成了"掂量"的近义词，"模范"成了今天学习的榜样，"矛盾"成了哲学中事物对立统一的概念？过去我们可能不知道这些词的来源和变化。现在，这本书就能让我们了解这些词的含义，不仅知其然还能知其所以然。

本书还有一个特色，就是用读者喜闻乐见的讲故事的形式把字词知识讲解出来，易被读者接受，进而受到读者欢迎。齐先生多年来一直从事文物的研究和讲解工作，还常常在电视节目中为大家讲解文物知识。他用自己的方式，将大众感到深奥难懂的历史知识绘声绘色地讲解出来，给大家留下了深刻的印象。

本书的写法虽然引人入胜，但如果没有丰厚充实的内容，就会显得苍白无力。齐先生在讲述中旁征博引，体现了他深厚的知识底蕴，这不仅拓宽了读者的认知，也给本书增添了亮点。本书最大的优点是把旁征博引的知识同全篇核心内容有机结合，并将其还原到一个具体语境中，让读者不仅记忆深刻，还会兴趣盎然。

读一读《兵器派生出的"矛盾"》一文，你一定会认为我所言不虚。讲"矛盾"知识的文章不少，但要像齐先生这样讲得娓娓动听，确实较难。在这篇短文中，他引用了一些相关的逸闻趣事，读来不仅津津有味、妙趣横生，还无形中增长了许多难得的知识。当读完齐先生写的几篇文章之后，我就希望他继续写下去。我相信本书肯定会受到读者的欢迎。这本书的出版，既可喜可贺，又难能可贵。

齐先生是我多年的朋友，他嘱我为他的大著写篇序言。我说序言不敢写，但我可以写写读后感，也就是这篇文章。敬请读者和齐先生批评指教。

李行健

2023 年 6 月

（作者系国家语言文字工作委员会咨询委员会委员、中国社会科学院研究生院教授、原语文出版社社长）

目 录

城市
"城"和"市"原来分过家　/ 1

管辖
别看个头儿小,"管辖"很重要　/ 9

宝贝
来自大海的"宝贝"　/ 14

权衡
用来称重的"权"与"衡"　/ 19

广告
与生活息息相关的"广告"　/ 24

规矩
没"规矩"不成方圆　/ 31

问鼎
"鼎"的大小不能随便问　/ 36

符合
古代的接头凭证　/ 41

矛盾
兵器派生出的"矛盾"　/ 47

沐浴
"沐""浴"原本各有分工　/ 55

参差
被忘却的"参差"　/ 61

镇压
坐得舒服靠"镇"压 / 66

斧削
你知道写了错字要用刀"削"吗 / 72

运筹
"运筹"帷幄离不开的神奇小棍 / 79

计较
"计较"原是车的把手 / 84

巾帼
"巾帼"究竟是什么 / 89

模范
铸造青铜器有"模"有"范" / 95

锻炼
百"炼"才能成钢 / 99

成绩
"成绩"原是古代纺织的一道工序 / 104

布衣
"布衣"不仅仅是衣服 / 110

牺牲
牺牲与纪念 / 116

大驾
"大驾"是最高级别的仪仗 / 124

如意
痒痒挠和如意是"亲戚"吗 / 131

漆黑
中国最早使用"漆" / 137

禁止
"禁止"竟然和饮酒有关 / 148

附录
字词演变小课堂 / 156

讲物―说词―话历史

城市

"城"和"市"原来分过家

"城市"一词在我们的生活中无处不在。然而,你知道吗,在很早很早的时候,城和市是两个不同的概念。"城"字的本义是城墙,例如万里长城;"市"则是买卖商品的场地,例如距今1000多年的唐代都城长安城内的东市、西市。这么看来,"城""市"这两个字原本并不是连在一起读的。那么,城和市各自是怎样兴起和发展的呢?

令人感到安全的"城"

安全是人类的基本需求之一。在距今6000多年的时候,陕西姜寨、半坡等地的原始人类就在他们居住地的周围挖了宽、深各五六米的壕沟进行围护,这些壕沟既能预防野兽的侵害,还能防止其他部族的人来抢掠食物。

姜寨遗址复原模型

后来，社会生产力有了很大发展，人们有条件修筑高墙来保护自己了，这种高墙就是我国早期的城。考古工作者在浙江良渚、山西陶寺、陕西石峁（mǎo）等地先后发现了原始社会晚期的大型古城遗址。

石峁遗址出土的石雕人头

其中最具代表性的是良渚古城，这座古城的面积达300万平方米，城墙总长度约6000米。仅看"6000米"这个数字，也许你不以为意，但再看一组数字，我想你一定会惊叹不已！

陶寺遗址出土的土鼓

因为，这座城墙底部的宽度一般为 40~60 米，而最宽的地方竟然有 100 米。经研究发现，修建城墙的时候，人们先在地上铺一层大约有我们两个拳头那么高的青胶泥，将地面弄得平平整整，再在上面铺大石块作为城墙的墙基，石块是从山上开采来的，一块就重四五十千克，这样的大石块一共铺了 30 多万平方米。

良渚古城遗址公园里的复原房屋与原始人雕塑

请你想象一下，在没有任何电子机械设备辅助的古代，人们只能用手抬肩扛的方法，用四五十千克重的大石块修建城墙，中间要经历多少时间和怎样的艰辛？并且，良渚人铺设的大石块还仅仅是在建墙基呢，接下来他们还要在大石块上面堆黄土，堆黄土时还要不断打夯（hāng），把土一层一层夯实，大约筑到8米高（差不多是现在的三层楼那么高）才成。这堆土、夯土的工作量可比铺石头的工作量大多了。有专家推算，至少有4000名良渚人不间断地干了3年，才将城墙完全修筑起来。现在，对于5000年前良渚人这种创造性的劳动成果，你是不是感到十分震惊呢？正因为他们的这种创造，在2019年，良渚古城遗址被联合国教科文组织列入《世界遗产名录》，成为中华五千年文明的实证。

进入夏商以后，我国各地的城就越来越多了。为了增强城的防御功能，古人在城墙外还要挖宽约10米的护城壕沟，这就是古代文献中所说的"池"。你还

良渚古城遗址中的城墙

记得有句话叫"城门失火,殃及池鱼"吗？这里的"池鱼"特指护城壕沟里的鱼,而不是一般池塘中的鱼。有一点请大家特别注意,明代以前我国各地的城墙都是用土夯筑成的,到了明代才有砖城墙。如果你在一些图书、绘画中看到秦国的人运砖修长城、唐代的人烧砖修城墙,那肯定是错误的!

供人交易物品的"市"

在原始社会晚期,随着生产力的发展,产品除了吃用还有了剩余,为了互通有无,不同部落之间产生了以物易物的交易行为。古文献中记载神农氏"日中为市,致天下之民,聚天下之货,交易而退,各得其所",意思是说在中午开设市场,汇集了各地的民众,聚集了各地的货物,交易之后,人们得到了各自想要的东西就离开了。

这里的"市"就是最原始的商业活动。到了商代的时候,有了专门经营商品买卖的"商人"。周代时,商业成为社会经济中不可缺少的一部分,为此,国家设立了一种叫"质人"的官职来专门管理市场。

秦汉时期，不论是都城还是各地的县城，都有固定的商业场地，叫作"市"或"市井"。西汉的都城长安最初有东西二市，后来增到九市。市周围建有围墙，和住宅区严格分开，围墙上开有市门，有士兵把守。市内建有摆放商品的店铺——"商肆"（又叫"市肆"），同类商品集中在一起，称作"列肆"。还有一座多层的建筑，称为"市楼"，是管理市场事务的官署所在地，市楼顶上有旗子和大鼓，每天都有人按时击鼓，通知开市或闭市。闭市后，不再有任何营业活动，人们也不许在市内逗留，这同今天商店要定时开门、关门，关门后不再买卖是不是非常相像呢？管理市的官员叫"市令"或"市长"，这个市长和当今的市长虽然在字面上完全一样，可在职责上就大相径庭了。

汉市井画像砖（拓片）

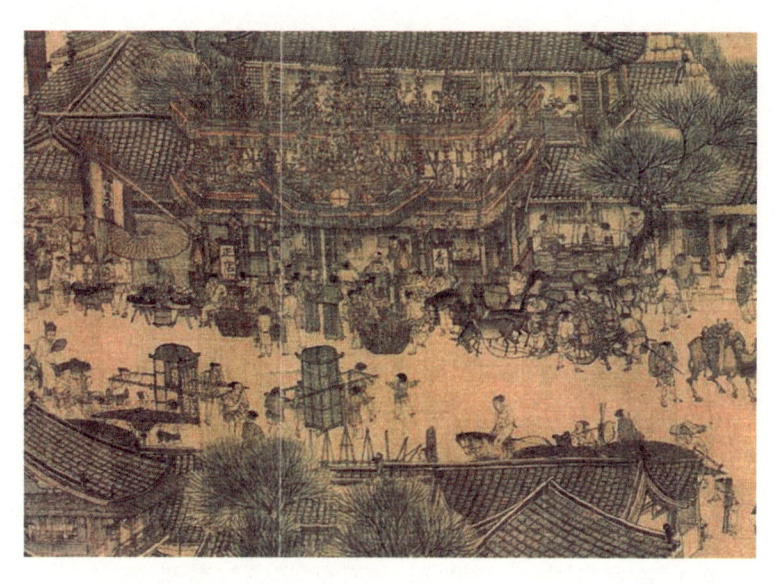

《清明上河图》中的部分商业街

在城郊的交易市场称作"草市"。除草市外，那时还有定时定点的集市，但只是临时一聚，保持着"日中为市"的原始形态。人们常说的赶集，就是去这种集市上买卖商品。

到了宋代，市突破了围墙的局限，商店可以沿街开设了，也出现了一些商业街。《清明上河图》中就描绘了开封城的一些商业街。当时，经营时间也打破了以往的限制，有的商店到深夜才关门，商店门口还设有灯箱广告呢！跟我们今天的市相比，已是十分相像了。

别看个头儿小，"管辖"很重要

说到"管辖"这个词，你一定知道它是管理、统辖的意思，可是你有没有想过，这里的"辖"字为什么是"车字旁"，"管"字又有什么玄机呢？

古代的车

要弄明白这个问题，我们就得先了解中国古代车子的构造。据记载，在夏代，一个叫奚仲的人发明了车。考古人员在河南偃师发现了夏代的车辙痕迹，根据这一痕迹，我们可以推测，在距今4000年左右的时候，当时的人就已经学会造车了。由于车最初是用木头做的，木头容易腐烂，很难保存到今天，当前我们能够看到的最早的车是商代晚期的，距今也已经有3000多年了。

要想车子跑，车轮不能少。古代的车轮通常由车轴相连，车轴靠近轮子的地方有圆筒形的车毂（gǔ），

车毂

车毂上安着一根一根的辐条，辐条的另一端固定在车轮的外圈上。仔细瞧瞧，这是不是很像自行车的轮子呀！

由于车子在行进时，车毂要不停地围着车轴转，容易磨损和开裂，所以人们除了选用比较坚硬的木头做车毂外，还要用一种金属套来保护它。这种金属套叫作"辊（guǎn）"，形状好像一个笔筒，不过要在底部开个大圆孔，才能穿过车轴套在车毂上，这就如同给木车毂戴了个铜帽子，起到了减少磨损和加固的作用。

固定车轮的"辖"

讲了半天，你或许要问了，"辖"在哪儿呢？别急。刚才我们讲到车毂戴上铜帽子后，得到了保护，但还不能确保它不从车轴上滑脱。要知道，车毂一旦从车轴上滑脱了，就意味着轮子掉了，车也就倒了。为防止这种事故发生，聪明的工匠就用铜制作了一个小圆筒，套在轴头上，顶住车毂，这既保护了轴头，又使车毂不能左右滑动，这个小圆筒叫"軎（wèi）"。那

害会不会脱落呢？工匠们也想到了这个问题，所以他们在制作车害的时候，会在上面留一个上下贯通的孔，在孔中插进一个小零件，而且这个小零件的末端也有一个孔，可以穿皮条将它捆住。这样一来，人们就不用担心车害脱落了，车轮也就能够安全运转了。这个至关重要的小零件就是"辖"。最初，辖是用木头做的，后来改为用铜制作，而且工匠们还会在辖的顶端做一些兽头、人像之类的装饰，既实用又美观。

原来，"辖"就是古代固定车轮的零件！别看它个头儿不大，但它起的作用可是非常大的，车的安全在很大程度上要靠它来保证。

开闭门的"管"

说完了"辖"，我们再来说说"管"。

辖

"管"在古代指开门的钥匙。我国古代有这么一个官职，叫作"司门"，有点儿类似今天的海关。司门一方面要负责每天开启和关闭国门，一方面要检查过往行人携带的东西，看看别有什么违禁品进入国内。《周礼》中规定司门要"掌授管键，以启闭国门"，这里的"管"就是钥匙的意思。

《左传》里还有一个和"管"有关的故事。当年秦王派大臣杞子带领秦军到郑国去协助防卫，后来，杞子派人报告秦王说："郑人使我掌其北门之管，若潜师以来，国可得也。"就是说杞子掌握着郑国都城北门的钥匙，秦国要是派兵偷袭郑国，他可以作为内应，打开城门。秦王接到杞子的密报，还真的派兵去偷袭郑国了，可是他们最终没有成功，这又是为什么呢？先卖个关子，有时间我们再好好讲。

由于"管"和"辖"都是至关重要的小零件，具有统领全局的重要作用，后来人们渐渐就将这两个字合成为一个词——管辖。

你知道吗，在生活中，有很多看上去微不足道的小零件，其实起着至关重要的作用呢！聪明的你，还能想到哪些例子呢？

宝贝

来自大海的"宝贝"

我们很多小读者,都被爸爸妈妈或者亲友叫过"宝贝",你一定也有这种经历吧?生活中的一些贵重物品,也常被人称为"宝贝"。可是在今天很多人的眼里,"贝"是一种很常见甚至是很普通的海产品,它为什么能和"宝"连在一起呢?这就涉及我国货币的起源了。

最早的实物货币

你平时买书、买笔、买玩具什么的,都要用钱。可是,在 4000 多年前的时候,人们还不知道什么是钱,那时人们之间的交换都是以物换物。刚开始时,数量也不多,很难说谁赔谁赚,反正换回来的物品都是自己需要的。

随着生产的发展,需要交换的物品越来越多,问题也跟着来了。比如一个人抱来了 3 只鸡,另一个人

拿来了2个陶罐,这鸡怎么换陶罐才合适呢?这时,人们想出一个好办法,找一种大家都认为合适的物品作为交换的标准物,就假定是羊吧,通过商量,人们规定1只羊可以换5个陶罐,也可以换10只鸡,还可以换一小堆稻米……于是,2只鸡就可以换1个陶罐了。

老的问题解决了,新的问题又来了。各地交易的标准物不一样,有的地方是羊,有的地方是猪,还有的地方是兽皮或者丝织品,所以,不同的地方交易起来还是很麻烦。再者说,不论是牛羊,还是猪狗,大小也不一样,也不能按一个标准来交换。人们多么需要一种各地都认可的物品作为交换的标准物呀!

后来,人们终于找到了这种物品,它就是产自南海的海贝。因为这种海贝的腹部有开口,很像一排排牙齿,所以人们叫它"齿贝"。这就是当年人们使用最多的一种海贝。

古人为什么选择海贝作为交换标准物呢?首先,当时人们大多居住在今天河南、陕西、山东、河北这些距离南海较远的地方,很难得到海贝,所以海贝就显得很珍贵了。其次,海贝个头儿很小,携带很方便,又很好看,很让人喜爱,有些人还把它穿起来做装饰品。最后,海贝比较坚硬,耐磨损,可以多次用于交换。因此,海贝成了大家都认同的交换标准物,也就是最早的实物货币。

变成货币的海贝身价倍增。在3500多年前的甲骨文中就多次出现商代国王把海贝赏赐给臣子的记载,那时

海贝货币

叫"赐贝",是一种极高的荣誉。一些有钱有势的人死去后,他们的墓中也要放进许多贝,意味着他们想永远占有这些财富。

"宝"字的起源

由于贝是这么的重要,它便成了"宝"字的组成部分。今天写的"宝"字是简化字,甲骨文中的"宝"字写作"🈀"。这个字由三部分组成:"∩"代表房屋的侧面,下面那个"王"字是用绳子穿起来的三片玉石,再一部分就是海贝的象形文字。这个"宝"字的意思就是家里藏着贝和玉,因为玉也是非常珍稀的物品,所以"玉"和"贝"构成了"宝"。

现在的"宝"字只有"玉",没有"贝"了,这是因为在今天,贝已不是什么珍稀之物了。时代发展了,字的含义也随之有了变化。"贝"字虽然不是简化的"宝"字的组成部分了,可许多与价值有关的汉字都少不了"贝"字,如财、资、贵、贱、费等。翻翻字典,你能再列举几个与"贝"有关的汉字吗?

权衡

用来称重的"权"与"衡"

《论语》里有一句名言"三思而后行",它告诉我们在做决定前一定要考虑多次,谨慎行动。今天,在表示"衡量、考虑"的意思时,我们常常会用到"权衡"一词,如"权衡利弊""权衡得失""权衡轻重"。可是你知道吗,这里的"权"和"衡",最初指的是两种称重的器物。

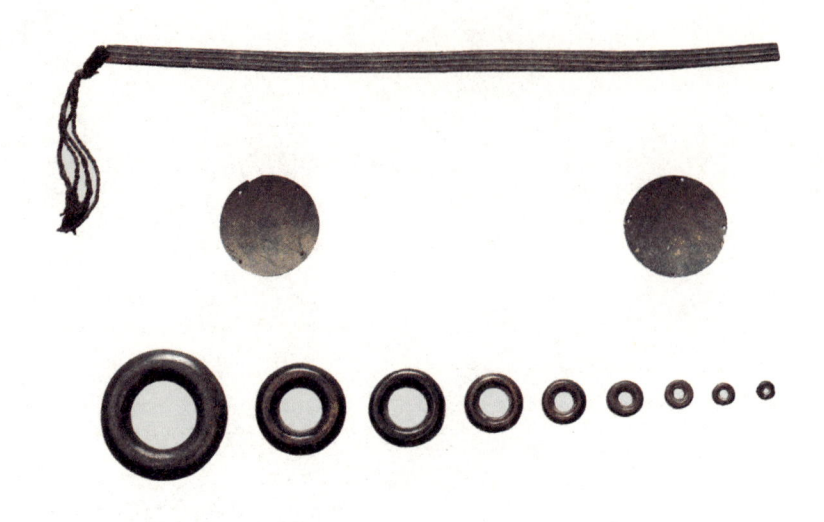

天秤和环权　战国·楚　中国国家博物馆藏

图中的器具有一个长 27 厘米的木杆，这个木杆就是"衡"；木杆两端各挂着一个直径 4 厘米的小铜盘。另外还有 9 个大小不等、重量不同的铜环，这些铜环就是"权"，因为它的形状是环形，所以人们也叫它"环权"或者"砝码"。

相互配合的"权"和"衡"

"权"和"衡"都是称量物品重量的器具，而且必须配合使用。使用时，先要在木杆（也就是衡）的正中间位置拴上绳索，将衡提起来，或者用一个物体顶在衡的正中间，将衡架起来。请注意，这时的衡一定要保持平衡。然后在其中一个铜盘上放入物品，在另一个铜盘上放入环权，根据物品的轻重，人们调整环权的数量和大小。当衡又保持平衡时，就说明铜盘上的环权重量和另一个铜盘上物品的重量是相同的。由于每个环权上都标有代表重量的数字和单位，只要把盘中环权上的数字加起来，不就是那件物品的重量吗？这种器具实际上应用了物理学中的杠杆原理，我们的祖先够聪明吧！

相传，早在四五千年前的黄帝时期，我们的祖先就在使用这种称量器了，不过没有实物流传下来。目前已发现的最早的衡器实物制作于战国时代，距今2400年左右。湖南博物院藏有战国时代重量为0.69~251.33g的10个铜砝码，是现存战国时代最完整的一套砝码。

形似"秤砣"的铜权

在中国国家博物馆的"古代中国"展厅，有一件

重要的文物，外观很像半个小西瓜，顶端有个环形小钮，像是西瓜的瓜蒂。它是用铜铸成的，身上有非常醒目的"八斤"两个大字。我们许多同学看到它时，都管它叫"秤砣"，这实在是一个错误。它正确的名字叫"权"，由于身上有"八斤"两个字，博物馆专家把它定名为"八斤铜权"。

八斤铜权　秦　中国国家博物馆藏

那么，什么是秤砣呢？如果你去过菜市场，就会发现有的商贩使用的是杆秤，杆秤上那个起平衡作用的物体才叫秤砣，标明重量的数字不在秤砣上，而在秤杆上。在敦煌壁画中，就有一幅1400年前人们使用杆秤的画面。古人先是发明了天平，过了好长时间才发明了杆秤。

敦煌壁画中使用杆秤的人（摹本）

铜权使用的时间长了，可能会有磨损，这就会影响称重的准确性。秦朝有一项特别的规定：每年要对权进行至少一次校准。同时还规定：如果一斤少了3铢，相关负责人就要受处罚。当时一斤等于384铢，少3铢就要处罚，这对消费者的权益实在是一种非常好的保护。

由于权和衡要配合使用，所以人们习惯上把称重量叫作"权衡"；又由于在称量物体时，需要对衡两边的重量进行计算和比对，因此，"权衡"又引申出"衡量、比较、考虑"的含义。

如今，随着电子秤的普及，天平、杆秤等称重工具逐渐退出历史舞台，但与之相关的文物和字词所折射的，正是古代繁荣的交易活动与古人闪耀千年的智慧。

广告

与生活息息相关的"广告"

现在，无论是走在大街上，还是打开电视、手机，我们都会接收到各种广告，广告给我们的生活带来了便利。那么广告是怎样产生的？古代的人们又是怎样做广告的呢？

很早很早的"口头广告"

大家知道，广告的主要作用就是推销商品，所以自从社会上有了商品，很快就有了广告。根据目前的考古成果，我国在原始社会末期，也就是距今大约5000年的时候，农业、手工业都有了很大发展，但各个地方的物产不完全一样。一个地方的人们制作了很多陶器，另一个地方的人织了一些布，他们就用交换的方法来得到自己没有的物品，用今天的话讲，那些被交换的物品就是商品。

当年人们交换物品的时候，自然少不了用语言来介绍自己的物品，讲陶器多么美、布多么好，这种介绍也算是最原始的广告，专家们将它定名为"口头广告"。非常有趣的是，"广告"一词的本义就是"大喊大叫"。由此大家也可以想象，在广告的初始阶段，人们用大喊大叫的口头广告吸引、招呼他人的热闹情景。

多种多样的"实物广告"

随着商品的增多，人们将所售商品或商品中具有

代表性的一部分悬挂、摆放在醒目位置，吸引顾客的眼光，用于宣传推销商品，这被称为"实物广告"。你一定知道"挂羊头卖狗肉"这个俗语吧？现在人们用它比喻表里不一、名不符实，而它最初所讲的就是实物广告呢。

当纸和印刷术被发明以后，商人立刻抓住机会，利用这两大新技术使广告得到广泛传播，真正做到了"广而告之"。中国国家博物馆收藏并展出的一块宋代的铜版，就是目前所知我国最早的印刷商标广告的实物，它差不多相当于你的两只手那么大，而且图文并茂。

你注意到了吗？铜版上的字是反的，在这块铜版

"济南刘家功夫针铺"广告青铜版　宋
中国国家博物馆藏

上刷上墨，就可以在纸上印出正字的广告了。

快来仔细看看广告的内容吧！

最上边是"济南刘家功夫针铺"8个大字，这自然是店铺名称了。中间画了一只捣药的白兔，你看它竖着两只大耳朵，前腿紧紧地抱着杵，站起身子使劲捣药，样子多专注、多可爱呀！选白兔做商标，用今天的话说，就是要个明星效果。在神话传说中，白兔可是大明星呢，它住在月宫里，是嫦娥姐姐最喜欢的动物。此外，选白兔做商标还跟它手中的杵有关。你听过"铁杵磨成针"的故事吗？人们看到白兔手中的杵，很容易就会想到杵与针的关联，这明星就更有做商品代言人的资格了。白兔两边书写着"认门前白兔儿为记"，就是说刘家功夫针铺以白兔为标志，你可不要找错地方呀。白兔的下面是广告词："收买上等钢条，造功夫细针。不误宅院使用，转卖兴贩，别有加饶，请记白。"短短28个字，既说明了制造细针的原料、质量和针铺的商标、信誉，还说明了优惠办法——"转卖兴贩，别有加饶"，也就是对于大量购买再一点点卖出去的顾客，还可以"加饶"，"加饶"就相当于现在的打折扣。

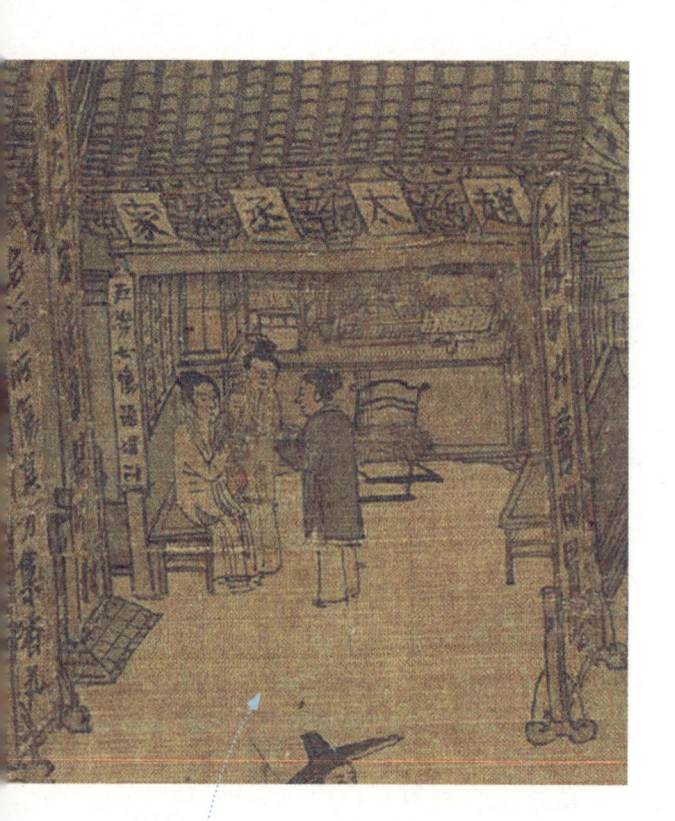

实物广告的形式可多了，还有招牌、幌子、牌匾、楹联等。

"广告"一词由哪儿来

其实说了半天，中国词汇中原本并没有"广告"这个词，它是外来词语，源于拉丁文，我国古代将广告称为"告白"。1899年4月30日，著名学者梁启超创办的《清议报》上刊登了"广告募集"的声明，梁启超算是率先使用"广告"的人了。1906

《清明上河图》中的灯箱广告

年,清政府的农工商部在《商务官报》上也使用了"广告"二字,这被视为中国政府部门首次使用"广告"一词。在20世纪初,"广告"和"告白"两个词并存。

规矩

没"规矩"不成方圆

当人们要办理一些事情的时候，常常会说"还是按老规矩办吧"；在人与人之间出现争执的时候，有人就会说"你懂不懂规矩呀"；有时，家长送孩子出门远行时还会嘱咐说"出去要守规矩，要做懂规矩的人"；在文学名著《红楼梦》第七回里，凤姐就焦大醉酒后撒野的事跟人们说"倘或亲友知道了，岂不笑话咱们这样的人家，连个王法规矩都没有"。如此说来，"规矩"一词在古今都被广泛使用，或用它表示大家应该遵守的一种规则、一种行为范例，或用它表示一种礼法，懂规矩成了言行正派、老实守法的代名词。那"规矩"一词是怎么来的呢？

规天丈地的工具

原来,"规"和"矩"是我国古代工匠常用的两种工具,规用来画圆,矩用来画方,在许多古代绘画以及画像砖、画像石中都能看到它们的样子。就以这件在新疆吐鲁番唐墓中出土的"彩绘伏羲女娲绢画"为例吧,画中的一男一女,是神话传说中的伏羲和女娲,都是人首蛇身,他们的手中一个拿的是微微撑开了两足的规,一个拿的是直角的曲尺,即矩。现在,咱们很多同学书包中的圆规和三角板,不就是这图中规和矩的现代版产

彩绘伏羲女娲绢画　唐
新疆维吾尔自治区博物馆藏

品吗？

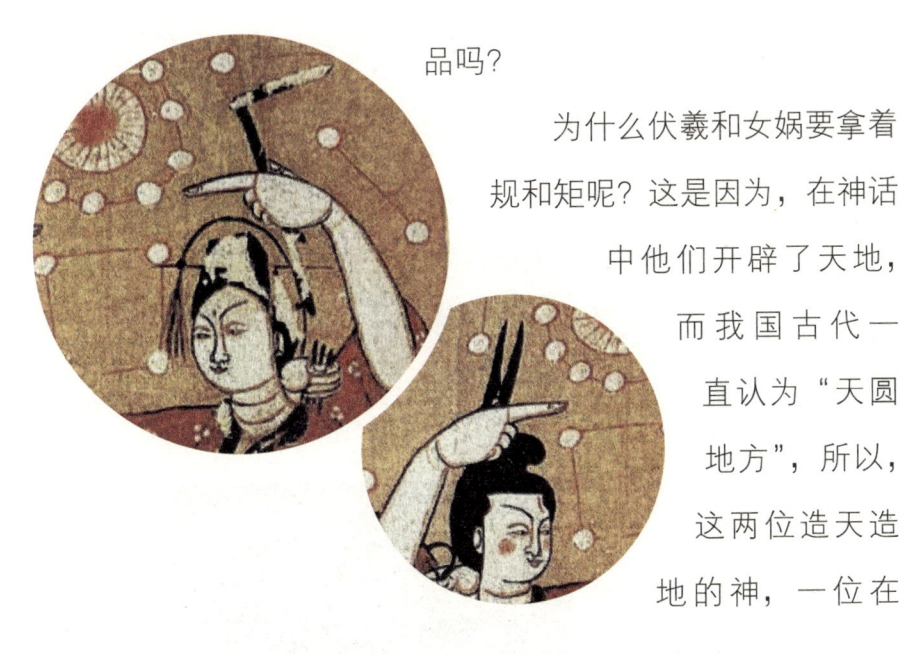

为什么伏羲和女娲要拿着规和矩呢？这是因为，在神话中他们开辟了天地，而我国古代一直认为"天圆地方"，所以，这两位造天造地的神，一位在规天，一位在丈地。

历史悠久的"规"和"矩"

我国在什么时候就有规和矩了呢？由于早期的规、矩都是用竹木一类的材料制成的，因此未能保存下来。若从历史记载上看，司马迁在《史记》里讲大禹治水时提到了规、矩，"左准绳，右规矩，载四时，以开九州,通九道"。还有古书记载,舜的时候有一位叫垂的人，发明了规、矩。上述记载说明规和矩有 4000 多年的历史了。但从考古资料上看，我国规、矩的历史应该大

大提前，例如初中历史课讲了河姆渡氏族和半坡氏族，在河姆渡遗址出土了许多圆球形的玉珠和圆环形的玉环，它们的圆形都很规整。半坡人所建的房屋有圆形和方形两种，形状也都很规整。半坡人用的各种陶罐、陶瓶、陶盆等器物上的图案，至少有一处是圆形。在浙江省余杭县（今余杭区）出土的良渚文化的代表玉

"玉琮王"　新石器时代　浙江省博物馆藏

器"玉琮王"，外形是四方形，正中则是一个贯通的圆孔。在甘肃省兰州市出土的一件约5000年前的彩陶盆上，居然有15个极其规整的同心圆。类似的文物还有许多，它们说明了两个问题：一个是当时的人们有了很清晰的方形和圆形的概念，另一个是有了绘制、加工圆形和方形的办法和器具。那种绘制、加工圆形和方形的器具，应该就是原始的规和矩。

由于规、矩有准确规划形状的作用，我们聪明的祖先就以物喻义，将它引申到人的行为规范。西汉时期的著作《淮南子》讲"非规矩不能定方圆"，该书又说"仪表规矩，事之制也"，这意思是说人的着装容貌、行为举止，都应合乎社会法则。人们还用规矩衍生出"规行矩步"的成语，指出人们在社会上都必须依照一定的规则行事，守法不逾矩。

问鼎

"鼎"的大小不能随便问

我们熟知的不少词语都和"鼎"有关,如扛(gāng)鼎(扛鼎本义指用手举鼎,是古代的一项举重活动或杂技项目。在后代的发展中,扛鼎一词呈现出多样的比喻义,例如比喻"人有大才,能担负重任"、比喻"夺取国家政权"等)、定鼎、问鼎、鼎力、鼎盛以及一言九鼎、大名鼎鼎、鼎足而立等。这些词大都和"大""最""显赫"等意义有着密切联系,究其原因,这都和鼎的形象相关。

"鼎"是做什么用的

鼎原本是烹煮肉食的器具,最早是用陶土烧制的。让我们看看金文中的"鼎"吧,这是个象形字,下边是三个足,上面是一只大口的锅,这个字很形象地反映了鼎的原始形态。

金文"鼎"

相传,大禹建立夏朝后,用各地贡献的铜铸了九只鼎,象征九州,也就是整个古代中国的领土。后来九鼎由夏入商,又由商入周。但可惜的是,我们现在已经见不到这九只鼎的任何踪迹了。目前考古发现最早的青铜鼎是河南偃师出土的夏代晚期的一只三足圆鼎,它的形状和金文中的"鼎"字非常相像。

那么,商周时期的鼎是做什么用的呢?它们更多

河南偃师出土的夏代晚期圆鼎

的是用来盛放煮熟的牛、羊、猪、鱼等肉类，用于祭祀天地、祖先以及各种神灵，而不是直接用来烹煮食物。"国之大事，在祀与戎"，也就是说祭祀和军事是一个国家最重要的两件事情，而鼎，在祭祀的礼器中就充当了最重要的角色，地位远超其他青铜器皿哟！

"九鼎"代表什么呢

商周时期，鼎还是统治权力和身份等级的标志物，被用来"别上下，明贵贱"。当时，各级贵族在祭祀、宴饮、随葬等场合使用青铜器时，对青铜器的种类和数量都有严格的规定。例如，天子用九鼎，诸侯用七鼎，卿大夫用五鼎，士用三鼎或一鼎。

由于只有天子才能使用九鼎，于是九鼎被赋予了特殊的含义，成为王权的象征，谁拥有了九鼎，谁就拥有了天下。九鼎成了镇国之宝，传国重器。史书中有这样一句话："成王定鼎于郏鄏（jiá rǔ，今属洛阳）。"意思是周成王在郏鄏定都。"定鼎"因此就成了建立新都城或建立新政权的代名词。

"问鼎"究竟问什么

我们再来说说"问鼎"吧，这个词的背后有个有趣的历史故事。

周成王迁都郏鄏后，周王朝的实力已大不如前，而诸侯国的实力却有了迅猛发展，楚国就是其中之一。有一次，楚庄王带兵经过郏鄏时，周天子派王孙满前去慰劳，楚庄王趁机问王孙满"铜鼎之大小轻重"。王孙满认为楚庄王这样问，是有了觊觎周天子王位的野心，便很严肃地回答："周朝虽然没有原来那么强大了，但天命还在，铜鼎的大小轻重还不是你能过问的。"从此以后，"问鼎"就成了计谋夺权的代名词。不过随着时代的发展，今天人们将在体育竞赛等活动中取得冠军称为"问鼎"，这个词已经被赋予了全新的含义。

鼎是重要礼器

你一定知道大名鼎鼎的"毛公鼎"吧！鼎内有铭文497个字，是已知青铜器中铭文最多的，铭文记述周王对毛公委以重任，并赏赐了大量财物，有非常重

要的历史价值。原来，那时的很多王公大臣在重大庆典或者接受王室赏赐时，都要铸鼎，并在鼎内铸刻铭文记载相关的事项。

我们现代人也使用鼎来表达尊敬、纪念。1995年，在联合国成立50周年的时候，我国就铸造了"世纪宝鼎"送给联合国。这只鼎高2.1米，象征即将到来的21世纪，鼎座高50厘米，象征联合国成立50周年。现在，它被陈列在联合国大厦北花园的绿色草坪上。

毛公鼎　西周
台北故宫博物院藏

世纪宝鼎

符合

古代的
接头凭证

你用"符合"这个词造过句吗?看到上面的标题,你是不是感到奇怪:"符合"怎么同接头凭证联系上了?其实呀,这"符"和"合"要分开讲,"符"是一种物品,"合"是人的行为。那么"符"到底是什么物品呢?咱们还是先看照片吧。

阳陵虎符　秦　中国国家博物馆藏

它的样子

这是一只距今 2200 多年的用铜铸造的小老虎，全长只有 8.9 厘米，个头儿还没有一根香蕉大。它其实是一件秦代兵符，因为被造成虎的形状，所以人们称它为"虎符"。请你仔细看一看，这只虎从头到尾是分成两半的，它的左右背部都有一样的金字：甲兵之符，右在皇帝，左在阳陵。

这 12 个字非常明确地告诉了人们，这是一件代表军队调动权的凭证物，它右边的一半存放在皇帝那里，左边的一半由设在阳陵的军区司令掌管。假如有一天有人到阳陵的司令部要调动军队，这个人必须出示存放在皇帝那里的一半虎符，当左右两半虎符完全合在一起了，才能调动军队。由此，我们也可以知道，当时全国的军权是由皇帝掌控的。

信陵君窃符救赵

说到这里，给大家讲一个"窃符救赵"的故事。那是在公元前258年，强大的秦国军队围攻赵国的国都邯郸。赵国的国力较弱，不是秦国的对手，赶忙向邻近的魏国求救，魏王将兵符发给大将军晋鄙，让他统领10万大军援助赵国。然而，晋鄙前脚刚走，秦国的使臣后脚就到了，他警告魏王，不让他援助赵国，吓得魏王赶忙派人告诉晋鄙，将10万兵马驻扎在赵魏两国交界的地方，按兵不动。

军情的变化，不仅让赵王非常焦急，也让魏国的一个人十分着急，这个人就是魏王的弟弟信陵君。他的姐姐嫁到了赵国，是赵王的弟弟平原君的夫人。信陵君为人重情重义，根本不怕秦国的威胁，便劝魏王下令出兵，可魏王就是不答应。眼看赵国一天比一天危险，怎么办？这时有人给信陵君出了个主意：原来

信陵君对魏王的宠妃如姬有恩，不如请如姬趁魏王沉睡的时候，将虎符盗出。信陵君照此行事，果然拿到了虎符。他带着虎符快马加鞭来到晋鄙的军营，同晋鄙的那一半虎符完全相合后，立刻挑选了8万精兵猛扑向秦军。秦军抵挡不住，赶忙撤退，赵国得救了。

通过这个小故事，你是不是进一步认识到了兵符的重要性？当然也一定懂得了"符合"的原本含义吧！

名副其实的"符合"

最后还要强调的一点是，古代的符不仅有兵符，还有交通、贸易等方面的符，它们都起到了凭证的作用，而且除了用铜铸的符外，还有用竹木、丝绸、玉石、金银和纸张制作的符。不管什么材质的符，使用前先要分为两半，这叫"剖符"，待到对证时，再使其相合，也就是名副其实的"符合"。

铜鱼符　唐　东营市历史博物馆藏

"鄂君启"错金青铜节　战国·楚
中国国家博物馆藏

　　看到这里，不知道你想到了没有，其实这种剖符、合符的做法从古代一直沿用到现在，比如在一些电影里，就有把一张照片或一张扑克牌剪成两半让特工拿着其中一半作为接头凭证的情节。你看过这样的电影吧，还能举出类似的事例吗？

矛盾

兵器派生出的"矛盾"

平日我们常讲到"矛盾"这个词，当人与人之间发生纠纷时，人们会说他们产生矛盾了；当市场上某种物资短缺，供不应求时，新闻中会说市场出现了供需矛盾。其实，"矛盾"的本义是指两种兵器，"矛"是刺杀用的兵器，"盾"是防御用的兵器，二者的作用完全相反。

战国时有一位著名的思想家韩非子,他的著作《韩非子》中就记述了一个既有趣又发人深省的故事:楚国有一个卖武器的人,先是夸耀他的盾坚固无比,没有物品能够刺破它,后又吹嘘他的矛锐利非常,什么东西都能刺穿。于是有人问他:"如果用你的矛刺你的盾,结果会怎样呢?"此人弄巧成拙,竟无言以对。从此以后,遇到某人的言论或行为自相抵触时,人们便将其比喻为"自相矛盾"。

通过《韩非子》中的这个故事,我们知道在2000多年前,矛和盾就已经作为商品出现在市场上了。那么,到底是先有矛还是先有盾呢?它们是在什么时候产生的呢?

用途多样的"矛"

从考古学家发现的实物来看,早在新石器时代就出现了矛,人们将石片或兽骨磨制出锐利的前锋,再在末端捆绑上长木柄,这就成了狩猎用的利器。考古学家在距今6000多年的遗址中发现了木矛与骨矛,在距今5000多年的遗址中发现了石矛。这些证据表明,我们的祖先很可能是在使用尖锐的木头刺杀野兽时受到启发，从而发明了矛。

骨矛

石矛

商代时有了青铜矛，这时的矛已作为兵器在战争中使用，河南安阳的一座商代王陵中曾出土了 700 多件青铜矛，可见当时矛的铸造量很大。这些青铜矛铸造精良，有的上面还有漂亮的纹饰。

战国时出现了铁矛，随着冶铁技术的进步，铁矛逐渐取代了青铜矛。

青铜矛

吴王夫差矛 春秋 湖北省博物馆藏

商代至魏晋时期，矛可分为长短两种：短矛的矛头和矛柄总长约1.4米，主要是步兵使用；长矛则步兵、骑兵和战车上的车兵都普遍使用。骑兵用的矛，一般长一丈八寸（古制，合今4米多），大家熟悉的蜀国大将张飞，据说就是手持丈八蛇矛呢！湖北随县（今随州市）曾侯乙墓出土的长矛，用竹子做矛柄，长度一般为3.2~3.8米，最长的竟有4.36米。战车上的车兵手持如此长的矛，很容易占得先机。

从唐代起，矛被枪取代，而且依据不同材质与用途分出了许多种类，如漆枪、白干枪、单钩枪、梭枪等。历史上抗日儿童团用的红缨枪，也是其中之一。有意思的是，枪不仅可以在战场上用于格斗，还可以在宿营时用来支撑营帐，而渡河时，还可以将每10杆枪捆成一束，然后一束一束地纵横捆扎起来，扎成筏子，这可称得上是物尽其用了吧！

结构巧妙的"盾"

人们在战斗中不仅要进攻，也要防守，因此就有了盾。传说早在距今4000多年的黄帝时期就已经有了盾。有个"刑天舞干戚"的神话故事，讲的是黄帝时期有一个叫刑天的巨人，他左手持干，右手执戚，异常威猛。他手中的干即是盾，戚则是斧子。由于盾是用木材、藤条、兽皮等材料制成的，不易长时间保存，因此没有远古留下来的盾实物，我们只能从甲骨文中的"盾"字推测，当时的盾应该是长方形或梯形的。

甲骨文"盾"

目前考古发现的最早的盾是战国时期的，以木材为主体，一面有手握的长条形木柄，另一面或蒙上兽皮，或涂上漆，上面都有精美的纹饰。这些盾的样式和当时铜镜上绘制的武士手中持的盾是完全相同的。

彩绘龙凤纹漆盾　战国
湖北博物馆藏

铜镜上的武士像

　　骑兵出现以后，为了在马上能更灵活地防身，人们将盾的式样改造成了圆形，长方形的盾则主要供步兵使用。

　　明代有一种名叫"虎头火牌"的盾，它的宽度相当于人的身宽，高度有1.2米左右，盾牌内有支撑杆，

将盾立在地上，就可以遮蔽住人蹲下去的身体。在盾的上方有一个圆孔，人可以用它观察敌情。更妙的是，盾牌有4处地方是能够活动的，并装有火箭和销钉（即销子，是通常由木材、金属等材料制成的钉子形零件，在器物中起连接或固定的作用）。当敌军逼近到一定距离后，打开销钉，这4处地方便可以转90度放平，点火将火箭发射出去，可谓能守能攻，两全其美。

随着历史的发展，"矛盾"在今天已经不单单是兵器的名称了，还成了哲学和逻辑学上的名词，这个词和人们的关系变得更加密切了。

虎头火牌盾

沐浴

"沐""浴"
原本各有分工

我们现在有时将洗澡说成沐浴，前者比较通俗，后者显得文雅，然而沐浴的本义和洗澡是有区别的。

请大家先看一下"沐""浴"这两个字的金文写法,"沐"字是一个人用双手掬盆中的水洗头发的样子,而"浴"字则是一个人置身器皿中,并在他的两边加上水滴。这清楚地表明古人将洗头发称为"沐",将洗身体称为"浴"。

当然,那时候不仅沐、浴的含义不同,人们沐、浴时的用品也有区别。商周时期的贵族讲究沐要在汤中加入潘汁。"汤"就是普通的热水,而"潘汁"则是煮热的淘洗高粱、小米的水。这水中有一些碱性物质,更容易去除油污。古人的头发都留得很长,容易积累脏东西,用这种潘汁洗发可以将头发洗得更洁净一些,潘汁堪称我国最早的洗涤剂了。后来

金文"沐"

金文"浴"

人们发现皂角树的果实——皂角也能去污，汉代以后人们便利用皂角来洗澡、洗衣服了。

我国在西周时就有了专门洗澡的屋子，名字叫湢（bì）。《礼记》中规定"不共湢浴"，就是说男女有别，不能共同在一个浴室中洗澡。湢有时也被称作浴室，《周礼》中就有"王之寝中有浴室"的记载。秦汉以后，人们就不再称浴室为湢了。1975年在陕西咸阳的考古发掘中，人们发现了秦始皇咸阳宫里的御用高级浴室，室内地面用砖砌成漏斗状，有良好的排水功能，是目前我们所见中国最早的浴室。福建武夷山的汉代闽越王城遗址中的浴室，还有暖气管道呢，令人啧啧称赞。

沐浴是一种文明的礼仪

沐浴原本只是为了清洗头发、身体，然而到商代的时候，人们把沐浴上升到使身体焕然一新的高度。沐浴不仅可以除去头发和肌体的污垢，还是一次重要的对灵魂的洗礼——身体上需要清洁，精神上也要弃旧图新。西周时人们更是把洁身净体纳入了"礼"的范畴，上升到了礼仪的高度。诸侯要在洗头、洗身体

后去朝见天子，表示对天子的尊重。在进行祭神、祭祖等重大礼仪活动前，人们要把头发、身体都洗干净，以表示内心洁净虔诚。著名的思想家、教育家孔子就严格遵守这项规定，他一定会在沐浴后去见诸侯或者去祭祀祖先和神灵，所以《论语》中说"孔子沐浴而朝"。下图中的文物是"虢季子白"青铜盘，是供虢国的子白在祭祀前洗浴用的。

周代的礼仪还有这样的规定：晚辈要每3天烧一次温水为父母洗一次头，要每5天烧

"虢季子白"青铜盘　西周　中国国家博物馆藏

一次温水为父母洗一次身体。这里，沐浴有了尊老敬老的意义。现在很多志愿者都会到养老院去为老人洗脚，这就是当代尊老敬老的一种表现。

古代竟有洗澡假

由于沐浴成了一种行为规范，一种社会公德，因此在2000多年前的西汉时期，皇帝要每5天为官吏们放一天洗澡假，称为"休沐"。原来当年很多官吏晚上是住在官署的，多日不得洗澡，身上难免会有异

味，所以就有了洗澡假，官吏们要利用这一天在家洗澡、洗衣服。这是我国历史上第一次以洗澡为理由而设立的假日。有意思的是，如果有官吏的家离官署太远，一天来不及往返，还可以多休息一天，这算是路程假吧。

还有一点非常有趣，古人有时会在洗澡水中加药物。屈原在《九歌·云中君》中说"浴兰汤兮沐芳"，可见当时人们已知道用兰草煎汤沐浴。考古工作者在一些西汉墓中发现，同洗澡用具放在一起的盒子或箱子里，还装着化妆品和经过加工的植物茎叶。把这些情况结合古书的记载进行研究，我们就可推断：当时的王公贵族为了达到治病保健、长生不老的目的，已经开始用药水洗澡了。他们在洗澡水中加进了有利于身体健康的药物，配合不同水温起到内病外治的效果，这可以说是2000多年前的"保健药浴"了。

人们将"沐浴"这个词语的语义引申开来，于是它便有了蒙受、沉浸等意思，继而就有了"沐浴在春风里"或"沐浴在阳光中"等广而言之的用法。

参差

被忘却的"参差"

看了标题你可能会有些疑惑,我们经常会在形容长短、高低、大小不一致时说"参差","参差"怎么会被忘却了呢?如果我再讲一句诗,你可能就更疑惑了。屈原在《九歌·湘君》中写道:"望夫君兮未来,吹参差兮谁思?""参差"怎么还能吹?原来屈原讲的"参差",是一种能吹奏的乐器。

参差不齐的排箫

唐代正是这种乐器盛行的时期，不过它在唐代时的名称不叫参差，而叫排箫。排箫怎么是参差呢？你看那排箫由多根细管组成，长短不一，实在是参差不齐，所以古人就将它命名为"参差"了。《风俗通义》中记载："其形参差，像凤之翼。"这说明排箫不仅是乐管长短不一，形状还如同凤的翅膀一样。

我们国家什么时候有了排箫呢？大家知道，我国古代把许多发明都归于黄帝时期，排箫也不例外。《吕氏春秋》一书中就说，黄帝命令一个叫伶伦的人制成了能发出凤鸣叫般声音的排箫。当然啦，还有记载说在更早的伏羲时期人们就发明了排箫，而且有16根乐管。这些记载是不是真实可靠的呢？还有待考古发掘去验证。

目前我们国家发现的最早的排箫实物是1997年在河南出土的西周时期的骨排箫。它由13根禽类腿骨制成，这些骨管长短不一，最长的一根为32.7厘米，其他根依次缩短，最短的长11.8厘米。它们的粗细也不相同。这些骨管是中空的，在出土时管身有明显的人

骨排箫 西周
河南博物院藏

字形带束痕迹，专家推测这些骨管由一根宽带捆束而成。骨排箫吹口的一端，排成一条整齐的直线，下端则参差不齐，整体就像是凤的一只翅膀。因为每根骨管的体积都不相同，产生的振波自然也不一样，从而形成了高低不同的音响：长管吹出的是低音，短管发出的是高音。

石头也能凿出排箫

令人称奇的是，古人竟然还能用石材制作排箫呢！1978年，在河南省淅川县一座春秋中晚期的墓中就出土了一件石排箫，也是13管。工匠们将石块钻凿成管状，管壁仅厚1毫米，这实在需要鬼斧神工般的技艺，凿劲儿稍大一点儿，下手方向稍偏一点儿，都要前功尽弃。这件石排箫出土后，人们对它进行了测音，除了第7管因为管口残破不能发音外，其余12管都能发音，而且合乎音律。如果不是有实物摆在面前，真的

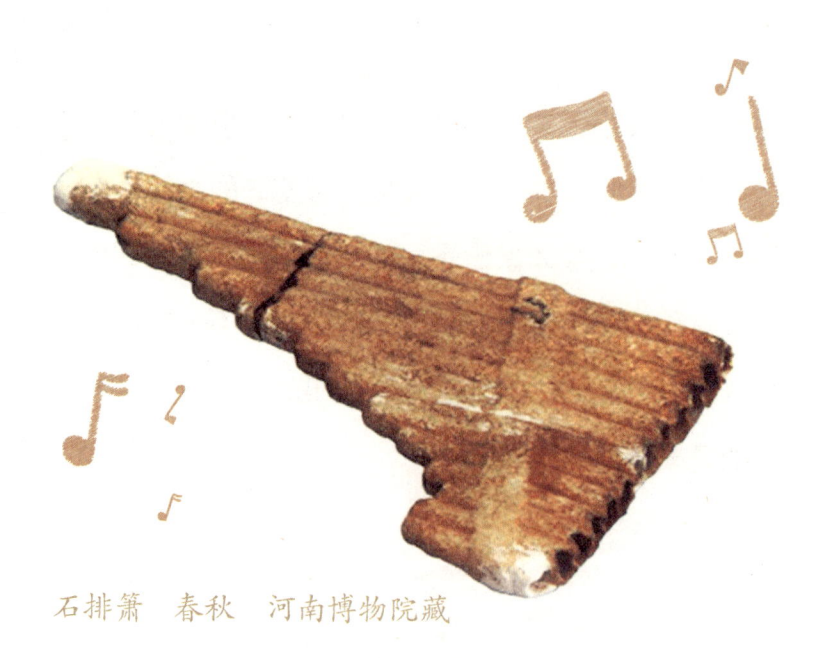

石排箫　春秋　河南博物院藏

是不敢想象。

秦以后，排箫吹管的数目在不断变化，通过一些文字和图像记载，我们可以了解到有 16 管、17 管、18 管的排箫，还有 23 管的排箫。但无论管数如何变化，排箫一直保持着"其形参差，像凤之翼"的形状。

要说明的是，我国古代还有一种单管的箫，管身上有多个孔，像笛子似的，吹出的声音悠扬动听。也正是为了和单管箫相区分，才有了"排箫"这个名字。

古代单管箫

> 镇压

坐得舒服靠"镇"压

现在我们说到"镇压"这个词,大家往往从压制、制裁的角度去理解,但你知道吗,它的本义可不是这样的。"镇压"这个词是由"镇"衍生出来的,在古代,几乎所有官府、家庭都要使用"镇",那"镇"究竟是什么呢?

石豹镇　西汉　徐州博物馆藏

　　这只漂亮的石雕小豹子就是一件"镇",文物专家称它为"石豹镇"。它长 23.5 厘米、宽 13 厘米、高 14.5 厘米,大小和一个大饭盒差不多,重量达 1.2 千克,是西汉时期的。就你的历史知识和生活经验来看,你认为这只石豹子适合做什么用呢？我再给你一个小提示：2000 多年前的时候,往往是 4 个这样的石豹子一起使用。有答案了吗？接下来就看看你想得对不对吧。

"席地而坐"需要"镇"

隋唐以前，人们的室内家具种类很少，即使是比较讲究的房间里，也不过是放置矮床、几案、屏风等家具。像今天咱们使用的桌子、椅子、凳子等，那时还都没有，人们要想坐下来看书，就只能坐在地上。为了能坐得舒适一点儿，人们就在自己要坐的地面上、床上以及长方形的榻（一种坐具，长度和现代的婴儿床差不多，约80厘米）上，铺上席子。不是有个词叫"席地而坐"吗？如果穿越时

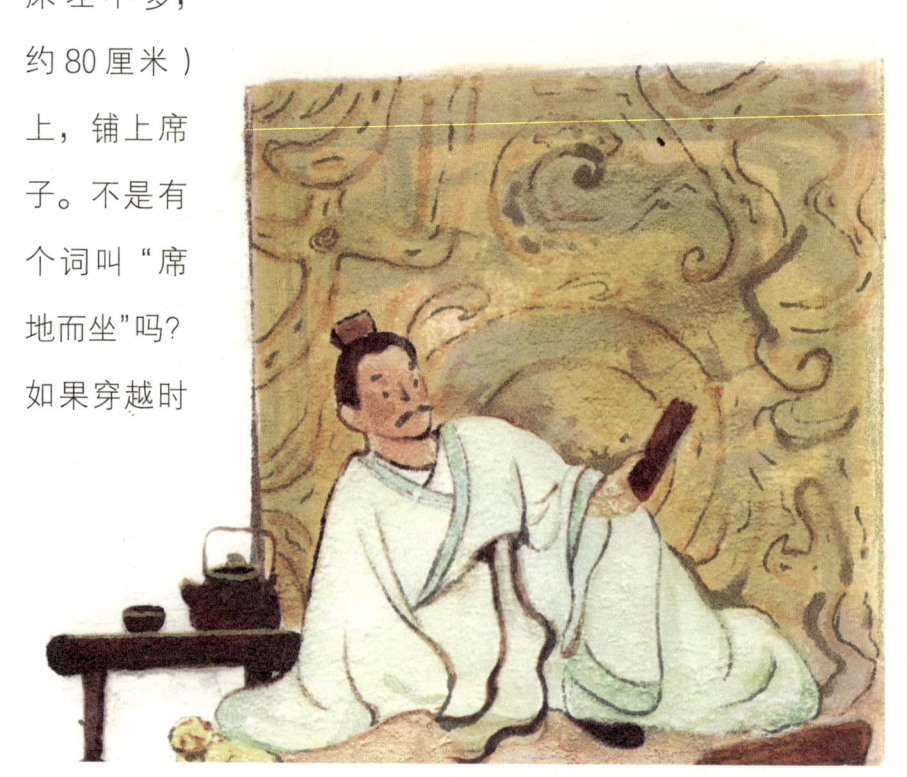

空，咱们都成了孔子的学生，听孔子讲课，那就要坐在铺了席子的地面上听了。那些比较讲究的人家，有时还不只铺一层席，往往是把粗糙一些的席铺在下层，把细密一些的席铺在上层，有的还在席上垫上丝织品。为了避免落座或起身时折卷席角，人们便在每个席角上压一个"镇"。原来，这镇是压席子用的，你想对了吗？

我们现在能够看到的镇有石头的，也有金属的，有些铜镇还进行鎏金或者镶嵌金银丝，制造得非常漂亮。江苏还出土过一件西汉时期用黄金制造的豹镇，重量达9千克，是目前所知最贵重的镇了。

千姿百态的"镇"

从各地发现的汉镇看，大多数镇都被做成动物的形状，常见的有虎、豹、羊、鹿、熊、龟等，用虎、豹等动物形象做镇可能含有辟邪去恶的用意，羊、鹿、熊在当时都是象征吉祥的动物，龟则象征长寿。这样一来，物品的实用性和装饰性以及人们的美好愿望都被巧妙结合在一起了，这也是我们祖先聪明才智的一

个具体表现。为了避免挂到衣物，镇的外形都接近扁圆，所以动物都呈趴卧的姿态。一般来说，镇高10厘米左右，重1千克左右。

现在，让我们再来好好欣赏一下这件石豹镇吧。这只豹子是用青灰色大理石雕成的，它侧身卧在地面上，头部微微抬起，两只睁圆的大眼睛使劲看着前方，两只耳朵也竖了起来，好像是听到了什么动静。它的脸部四周有一圈很密实的鬣毛，显得非常威武。由于是侧卧，所以它的4只爪子都在一侧，都是那么健壮有力。这件石豹镇线条简练、生动传神，表现了相当成熟的圆雕技艺。

请你注意观察它的脖子，上面有一条宽宽的项圈，项圈上还有系绳子的纽，这说明什么呢？这说明它不是一只野生的豹子，而是家里驯养的。请你再注意看那条项圈，上面有一个又一个的凸起物，你知道那是什么吗？原来那是曾经作为货币使用过的海贝。这种有海贝装饰的条带叫作"贝带"，这只豹子戴着贝带，表明它不仅不是野豹，而且已经成为主人的宠物。也许你要问，人们干吗在家里养豹子呢？这是因为人们要用它作为狩猎时的助手，这种豹子就称为"猎豹"。

野豹子原本是很凶猛的，可是这只豹子看上去却有些温驯，这也正是艺术家的高明之处，因为他要表现的是一只经过驯养的豹子。

早在战国时代，镇就已经出现了，但主要盛行于汉代。汉代以后，随着纸张的出现，镇又成了文房用具，形形色色的镇尺被摆上了书桌。我上小学写毛笔字时用的铜镇尺，一直保存到现在。

现代的镇尺

斧削

你知道写了错字要用刀"削"吗

  我们每个同学都有使用橡皮的经历，用铅笔写错的字，拿橡皮轻轻一擦就能擦掉重写了。可是如果咱们穿越时空，进入2500多年前孔子开办的学校去上课，那课堂上没有纸、没有铅笔，也没有橡皮，作业要用毛笔蘸墨汁写在竹简上，写错了字该怎么办呢？在回答这个问题之前，我们先看一件非常珍贵的文物。

秦始皇陵出土的文官俑

　　这是 2000 年在秦始皇陵的一个陪葬坑中出土的文官俑，他上身穿着过膝长襦，腰间束着皮带，面带一丝微笑，双目下垂，一副非常恭顺和拘谨的表情，让人感到他是完全听命于皇帝的一位重要秘书。你注意到他右侧腰带上悬挂的物品了吗？你知道那是什么吗？

古代写字要带刀

有一次我在某小学给同学们讲这件陶俑，当大屏幕上只出现腰带上的这一部分时，同学们并不清楚物品的大小。我指着其中一件说："这是一把刀。那时一般武士才在腰上挎刀，那这位文官为什么也带刀呢？"我这么一引导，大家自然就往战刀上想了，有的讲："如果有刺客要刺杀秦始皇，他就可以拔刀保护皇帝。"还有的说："可能他想找机会杀死秦始皇，自己来当皇帝。"我又指着文官俑腰间的另一件物品发问："这块是磨刀石，武士们带刀并不带磨刀石，这位文官怎么还要随身带磨刀石呢？"这次同学们都你看我，我看你，没有人能回答了。这时，我故作抱歉地说："对不起，同学们，我忘了告诉你们这刀有多大了，它的长度只比你们的牙刷略长一些。"讲到这儿，你能猜出来这把刀的用途吗？原来它是一把书刀，当时的名字叫"削"。

那时人们把字写在简牍上，也就是竹条（称为竹简）或木片（称为木牍）上，一旦写了错字，就要用削将错字削掉。非常有意思的是，由于人们使用的简牍大多是自己制作的，而制作起来又不大容易，所以人们很珍惜简牍，有时还会将用过的简牍上的字都削去，然后重复使用。在甘肃北部居延汉代烽燧遗址中就发现了被重复使用过的竹简。

各式各样的"削"

削的样子大致是一端有圆形或扁圆形环纽，可以系带，与环纽相连的是供人手握的刀柄，接下来是扁长的削背和削刃，整体长度在 25 厘米左右。

削

曾侯乙墓出土的铜削

先秦时期的削都为铜质，1978年湖北曾侯乙墓中曾出土4把铜削，形制相同。随着冶铁技术的发展，汉代有了铁削、钢削，它们比铜削更为锋利，在河北满城、河南洛阳、四川成都等地都有出土。

如同橡皮一样，削是当年人们书写时必备的器物，为取用方便，人们往往就把

放大的玉制环纽

曾侯乙墓出土的玉制铜削

它挂在腰间，在汉代的一些画像石中就能看到这种形象。因为削是文房用具，而且还是随身携带的，所以制作得都比较精致。曾侯乙墓出土的一件铜削不仅用玉制作环纽，而且玉上面还雕琢了整齐的云纹，并将环与柄的衔接处铸造成龙首形，上面镶嵌了绿松石，俨然成了一件工艺品。

错金铁书刀　东汉　中国国家博物馆藏

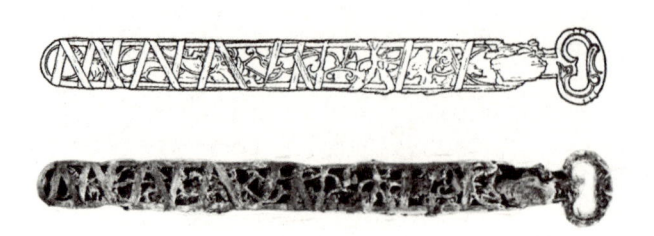

带有象牙鞘的书刀

汉代成都等地生产一种金马书刀，也就是在刀身上刻画一匹骏马，并镶嵌黄金。满城汉墓出土的书刀，竟然还有象牙鞘。

非常有趣的是，小小一把削竟然衍生出许多词。因为用削可以改正错字，人们在请他人审读、指正自己的文章时，便有了恳请"斧削"一词。古代官员在写奏折时难免要先写个草稿，在正式呈上奏折后，便将草稿销毁，古代称其为"削草"。汉代有一个词叫"削书"，初看上去和简牍文稿有关，实际上却是皇帝下令夺回王侯封地的诏书。到了唐代，纸已普遍使用，尽管不再用简牍，但人们为了追求文雅，怀念古风，称废弃的草稿为"削稿"。简简单单的一个"削"字，折射出中华文化的博大精深。

运筹

"运筹"帷幄
离不开的神奇小棍

当准备办理一件事情的时候,我们往往会说"好好筹划一下";当赞美古代一位有谋略的人物时,我们又常用"运筹帷幄之中,决胜千里之外"来形容。"运筹""筹划"这两个词中都有一个"筹"字,亲爱的小读者,你知道什么是"筹"吗?

用来运算的小棍

"筹"又叫策、算子、算筹，它是我们祖先的一个重大发明。从春秋时代到明代中晚期，算筹存在了2000多年，在人们的生产生活和科学文化等领域都发挥了很大的作用，就连大名鼎鼎的祖冲之计算圆周率，也是用算筹进行运算的。然而，这么重要的算筹，从外观上看却又简单得不能再简单了——是由若干根长短、粗细一样的小棍组成的。那么，这种小棍怎么能进行运算呢？

咱们今天在纸上计算，是书写数字；用手机计算，是点击数字。而古人进行计算，则是将算筹摆列成当时的数字进行计算。算筹摆列的形式分为纵式和横式两种，具体摆法如下：

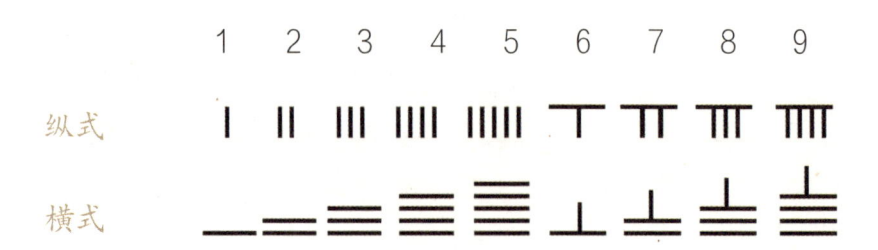

	1	2	3	4	5	6	7	8	9
纵式	丨	丨丨	丨丨丨	丨丨丨丨	丨丨丨丨丨	丅	丅丅	丅丅丅	丅丅丅丅
横式	一	二	三	亖	亖一	⊥	⊥一	⊥二	⊥三

古人用纵式表示个位数、百位数、万位数，用横式表示十位数、千位数、十万位数……以此类推。遇到数字"0"，则不摆放算筹，用空白表示。

算筹的计数严格遵循十进制计数法，够十就进一位，这同现在通用的阿拉伯数字相比，除了数字形式不同，计数的方法是一样的。算筹还可以表示分数、小数和负数。如果是分数，就摆成上下两排，上排表示分子，下排表示分母。如果是小数，就在小数部分的第一位下面，加个"分"字。负数怎么表示呢？聪明的古人借助颜色解决了这一难题：红色算筹代表正数，黑色算筹代表负数。

你知道哪些材料可以用来制作算筹吗？制作算筹的原料比较广泛，常见的有竹、木、铁、玉、象牙和骨等。最初的时候，算筹可能就是随手可得的小草棍或者小树枝。你知道吗，当年还有专门盛放算筹的算袋和算筒，

就像我们今天的铅笔盒一样。湖北荆州曾经出土了一个汉代的算袋，是用丝线织成的，非常精美，被专家们评定为一级文物。看到这里，你不妨用牙签等材料作为算筹，尝试着摆摆数字，做一些简单的四则运算吧！

古人随身携带的"计算器"

由于算筹是计算工具，所以有的人出行时要将它随身携带。非常有意思的是，有些人死后，死者的亲人还要将算筹装入算袋，系在死者的腰部，这真称得上是从生算到死呢！

说到算筹的出土，还颇有些曲折。我国很早就有了关于算筹的文献记载，可由于在宋代，比它更便捷的算盘出现了，所以从明代后期开始，人们就不再用算筹了。随着时光的流逝，几百年过去了，知道算筹的人越来越少，再加上竹木等材质的算筹在地下很容易朽烂，于是，考古过程中即使有人偶然发现了算筹，因为不认识，往往也就当成废物处理掉了。

直到1954年，在湖南长沙一座战国时代的陵墓内出土了一个竹筐，筐里除了天平、砝码、竹片、毛笔外，还有40根长短一样的竹算筹。这批竹算筹很幸运，没被处理掉，但考古人员并不知道它们是算筹，还在报告中把它们称作"竹签"。后来，我国著名的数学史专家严敦杰首先确认了它们的算筹身份，让公众知道了它们在数学史上的重大意义。严先生的观点很快得到了史学界的认同，于是，这批竹签成了考古中发现最早的算筹实物。自此以后，就不断有算筹出土的消息传出了。

这件事告诉我们一个道理：正确地认识一个事物，往往不是一蹴而就的，而是要经历一个过程。你学到了吗？

计较

"计较"
原是车的把手

　　每当乘坐公交车或地铁时，我们都会看到车上有横杆式或吊环式的把手，供站立着的乘客抓握以保证安全。那你知道这种供乘车人抓握的把手竟然古已有之，有的把手还极为精美吗？不过当年它的名字不叫把手，而叫作"较"。由于通过"较"的材质和装饰，人们能辨别乘车人的身份和地位，所以就有了"计较"之说。那么古代的"较"安装在车的什么地方？它又长什么样呢？为了弄清这些问题，咱们还是先了解一下古代的车吧。

安全乘车要有"较"

相传在黄帝时期便有人发明了车，然而因为古代的车是用木材制造的，不能长久保存，所以目前通过考古发掘确定的最早的车是商代晚期的。西汉以前的车，都是双轮、独辕和长方形车厢（古代将车厢称为"舆"）。因为是独辕，所以必须用双数的马来驾车，多为两匹或四匹。2002年在河南洛阳曾出土一辆六匹马拉的车，是专供周天子乘坐的，这也是到目前为止仅有的一辆"天子驾六"。

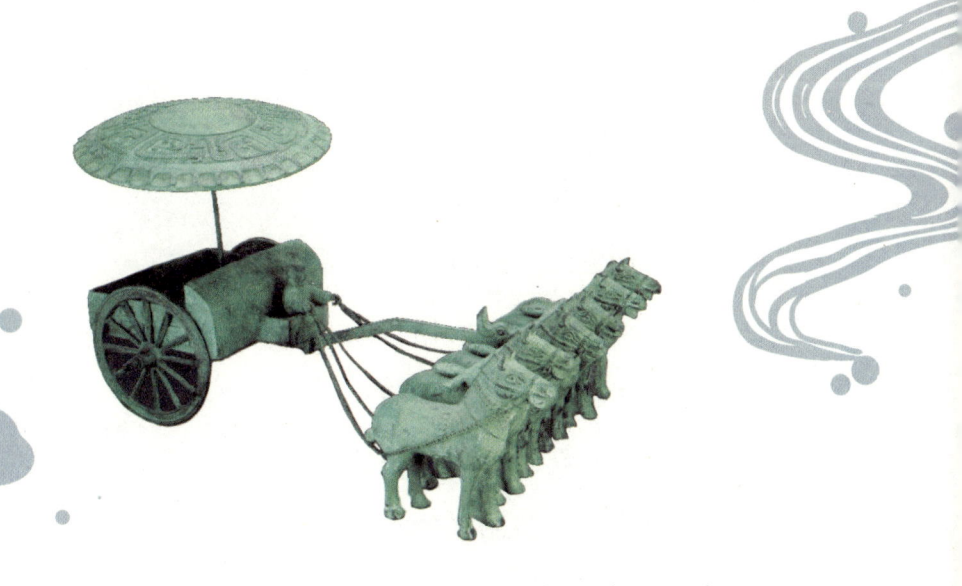

天子驾六　东周　洛阳周王城天子驾六博物馆藏

西汉以前的车，大体可分为"大车"和"小车"两大类，就像现代的大卡车和小轿车。那时的大车是牛拉的，主要用来运输货物，所谓大，就大在车厢上，车厢接近正方形，装载量较大。小车是由马来拉的，车厢长150厘米左右，宽90厘米左右，四周装有栏杆，人们乘车都是从车厢后面上下，所以车厢后面的栏杆有缺口，相当于现在的车门。由于车厢距离地面较高，所以人们需要踩着石块或踏几才能登上车。

夏商周时期的车，大多是作战用的战车，每辆车上有三个人，中间是驾驭车的御手，左边是持弓箭的武士，右边是持长兵器的武士。也有少量的车是贵族出行用的。无论哪种车，人们在车上都是站立的姿态。为了增加车的安全性，车厢左右两侧的栏杆上会各安装一个供人倚扶的横把手，这个横把手就叫作"较"。

目前我们发现的年代最早的较，是西周时期用铜制成的。较的形状基本上是门形，两头下端

有榫，以便插入围栏的立柱中。较的高低并不统一，秦始皇陵兵马俑二号坑出土的铜较，其垂直部分就比较高。

可以"比"的"较"

较原本只是用来供人倚扶的，完全出于实用的目的，然而到了秦代以后，随着封建等级的强化，较也被用来显示身份、等级。于是较的颜色、材质就有了讲究，例如文官车上的较是蓝色的，武官车上的较是红色的，帝王所乘的车，较要用黄金

来装饰等。

在河北满城的中山靖王墓中，就出土了用错金银装饰的带有漂亮云雷纹的铜较。由于较有了"比"的成分，便有了"计较""比较"等词语。虽然自明代起，车上不再安设较，可"计较""比较"这些词语却传了下来。由于"计较"一词有一定的贬义色彩，所以我希望同学之间不要计较哟。

错金银铜较　西汉　河北博物院藏

"巾帼"究竟是什么

说起巾帼，同学们应该都不陌生，现代人往往将女子中的杰出人物称为"巾帼英雄"，还用"巾帼不让须眉"来形容女子能挑大梁、担重任，不输于男子。"巾帼"成了杰出女子的代称。但是你知道吗，"巾帼"原本是一种被称为"假髻"的配饰，是古代女子的专用物品。

千变万化的发髻

"假髻"是一种什么样的装饰物？古代女子为什么需要它来装扮自己呢？想要弄清这些问题，我们先来了解一下什么是发髻。

"身体发肤，受之父母，不敢毁伤，孝之始也。"古人认为，要孝敬父母，首先要爱惜父母给予自己的身体，不可以损伤它，所以头发是不能随便剪掉的，要将长头发扎起来，并在头顶、头侧或脑后盘绕成髻，这就是发髻。这样既保留了长发，又不影响人们的日常生活，而且还具有一定的美感。也正是出于对美的追求，自秦汉以来，女子们在发髻上做足了文章。

发髻的式样千变万化，但总体来讲，可以分为梳在脑后的垂髻和盘在头顶的高髻两大类。

垂髻是将头发拢在脑后，将头发末端挽成一个小结的发式。这种发式使女性看起来温婉柔美，在汉代女子中广泛流行。

高髻则是将头发盘在头

垂髻

顶，使其像山峦一般高高耸起，这能在视觉上增加女子的身高，使人看起来有一种修长之美。这是不是与现代女子穿高跟鞋有异曲同工之妙呢？唐代以后高髻极为流行，贵族妇女（尤其是宫廷后妃）以及一些宫女都偏爱高髻。

发量不够，假发来凑

梳高髻的前提是要有足够多的头发，头发越长、越浓密，梳出来的高髻效果就越好。有些女子想梳高髻，可头发又短又稀疏，怎么办呢？她们就在自己头发的基础上，添加一部分假发来梳成高髻，以达到美观的效果。这种加入了假发梳成的发髻，被称为"假髻"。

根据历史记载，我国春秋时期就出现了假发。1972年，科研人员在对

高髻

长沙马王堆汉墓出土的轪（dài）侯夫人遗体进行化验时，发现她的头发中竟掺有假发，这是目前发现的古人使用假发的最早物证。

还有一种假髻，是用金银丝编成框架，或者用藤条、木材等制成各种发髻的式样，在外表包裹上丝织品或涂上黑漆，再将珠宝点缀在上面，有的还插上步摇、金簪等首饰。明代将这种假髻叫作"发鼓"。女子会见他人或出门上街时，就将它直接戴在头上，不用时就摘下，很像今天古装剧中演员们戴的"假头套"，当然，发鼓可比假头套高档多啦！那时有人置办不起发鼓又需要戴时，还可以向别人借用呢。

假髻

"巾帼之厉"的故事

假髻的式样有很多，名称也有很多，例如有"副""编""蔽髻""义髻"等，其中人们最熟悉的，则是"巾帼"这个名字。

令人意想不到的是，巾帼还曾被诸葛亮用来使激将法。话说诸葛亮率领10万大军和司马懿率领的魏军在渭水两岸对峙，司马懿坚守不出，消耗蜀军的军粮和士气。诸葛亮为了速战速决，就派人给司马懿送去了"巾帼妇人之饰"，借

此讽刺司马懿和女人一样,以激怒对方,引他出兵迎战。

当然了,司马懿也不傻,宁可受辱,也没有出战。

巾帼,就是女子的假髻,你记住了吗?

> 模范

铸造青铜器
有"模"有"范"

在2000多年前的汉代，人们认为老师都是非常优秀的，足以规范人们的言行，所以将老师称为"人之模范也"。按照古人的这种认识，后来我们常常把一些值得学习的人和事称为模范，如劳动模范、学习模范等。那最初的"模范"二字，究竟是什么意思呢？

"模范"是铸造青铜器时必不可少的两种物品。在商周时期，我国人民铸造了大量精美的青铜器。要想铸造一件青铜器，必须要先有"模"和"范"。

铸造青铜器时，人们首先要用均匀、细腻、洁净的泥土做一件模型，这件模型一定要在大小、形状、花纹等方面与将要铸造的青铜器完全相同，这道工序叫"制模"。

第二步是"翻范"。先在烘干的模子表面涂上油脂或草木灰，然后将比手掌还要厚的泥片敷在模上，要用力按压，使模的形状和花纹都印在泥片上。等泥片半干后，将它切割成若干块从模上取下来，先检查一下，花纹如果有不清晰的地方，可以剔刻、修整，然后用火将其烧成陶范。

经过这两道工序，就有"模"有"范"了。不过，这时的范只有外范，不能用来浇铸，这是为什么呢？假如人们要铸一件方鼎，如果有了外范就浇铸铜液的话，那铸出来的只能是方鼎形状的铜块，没有空腔。所以要铸造容器，还需要一个内范。内范怎么做呢？

你一定还记得首先制成的那个模吧？聪明的工匠只要把翻过外范的那个模的表面均匀地刮去一层就制成了内范。刮多厚并没有严格规定，要根据器物的大小、用途而定，简单地说，要铸造的青铜器的器壁有多厚，就刮多厚。

第三步是"合范"。工匠将烧好的外范围着内范合拢在一起，先用绳索捆绑，再用泥巴糊一遍。这是为了防止浇铸铜液时出现开裂的情况。合范的时候还要注意做出浇铸口和排气散热孔。

第四步就该"浇铸"了，将铜液通过浇铸口灌进内范和外范之间的空间。待铜液凝固后，把糊在外范上的泥巴和外范都打碎，所铸的青铜器就出现在人们面前了。当然，最后还需要修整打磨，才能制成一件精美的青铜器。

古代这种铸造青铜器的方法被称作"范铸法"。但

陶范只能使用一次，难以批量制作青铜器。想批量制造小件的工具或者兵器，如镰刀、铜斧时，人们就采用可以多次使用的石范。距今2600多年前，古人还创造了用蜡做模的方法，这种方法能铸造花纹格外复杂而精细的青铜器。又过了一二百年，人们还成功地用铜、铁等金属做成了金属范，比如古代的铜钱就是用金属范铸造的。金属范更标准，也更耐用，大大节约了时间和成本。

> 锻炼

百"炼"才能成钢

有个成语叫"百炼成钢",比喻久经锻炼,变得非常坚强。人们为什么会用"炼钢"来形容只要有坚持不懈、持之以恒的精神,就能成为真正的"钢铁"呢?原来,这和钢的冶炼方法密不可分。

中国很早就开始冶炼铁了，铁在人们的生产、生活以及战争中，都有着极为重要的作用。铁出现以后，很快就有了钢，中国成了世界上较早生产钢的国家。那么，你知道铁和钢有什么关系吗？你能说出它们的区别吗？

仨铁哥们儿有什么区别

铁有生铁、熟铁之分，这两种铁都可以用来炼钢。你可以把生铁、熟铁和钢看作是三个铁哥们儿，它们三个的区别主要在于含碳量的多少：熟铁的含碳量极低，生铁的含碳量较高，钢的含碳量介于二者之间。人们还进一步细分出了低碳钢、中碳钢和高碳钢。由于含碳量的差异，生铁、熟铁和钢的坚硬度、牢固度和可塑性等，也就有了很大不同。假如铁轨用熟铁做，立刻就会被轧成铁片了；要用生铁做，就会被轧裂、轧断。

钢原来是可以"炒"的

古人生产钢和我们近现代生产钢在工艺上有很大区别，古代有一种产钢工艺的名字非常有趣，叫"炒钢"。平常说到"炒"这个字，大家往往会把它跟加工食品联系起来，如炒菜、炒饭等，难道连钢也是炒出来的吗？

你别说，还真的是这样！古人在改进了炼铁炼钢的工艺后，先用炼炉炼出生铁，再将生铁铸件。比如把一些铁条放进炒钢炉中加热搅拌（炒），铁条表层的碳会被氧化，工匠们趁热将铁条从炒钢炉中拿出进行折叠锻打（锤打），挤掉铁条中的夹杂物，随着温度的降低，铁条硬了，不能再锻打，便再次放进炒钢炉中加热搅拌，然后再取出进行折叠锻打，如此反复若干次，铁条中的碳和夹杂物就会减少，铁条就变成了钢。如果人们把它的形状设计成一把刀，最后经过锻打制成的就会是一把钢刀。因为其中加热搅拌的过程很像炒菜，所以人们把这种炼钢方法叫"炒钢法"。

钢越炼越好吗

古人把加热锻打一次叫一涑（liàn，因古文献历史久远，经过多人辗转抄印，所以今天我们所见的古

书中，这个字也常被写作"炼"或"鍊"）。

1974年，山东苍山出土了一柄东汉时期的大刀，它上面的铭文是"永初六年（112年）五月丙午，造卅（sà，表示数字30）涷大刀"。这段铭文告诉我们，这柄大刀应该是被反复加热锻打了30次之后成型的。科研人员在显微镜下仔细观察它的断面，确实看到有30层左右。

后来，在江苏徐州出土了一柄东汉时期的钢剑，上有"五十涷"的字样，而在日本奈良出土的一柄我国东汉晚期的大刀上则有"百涷清刚（钢）"的铭文，时间再晚一些的曹操也在文章中

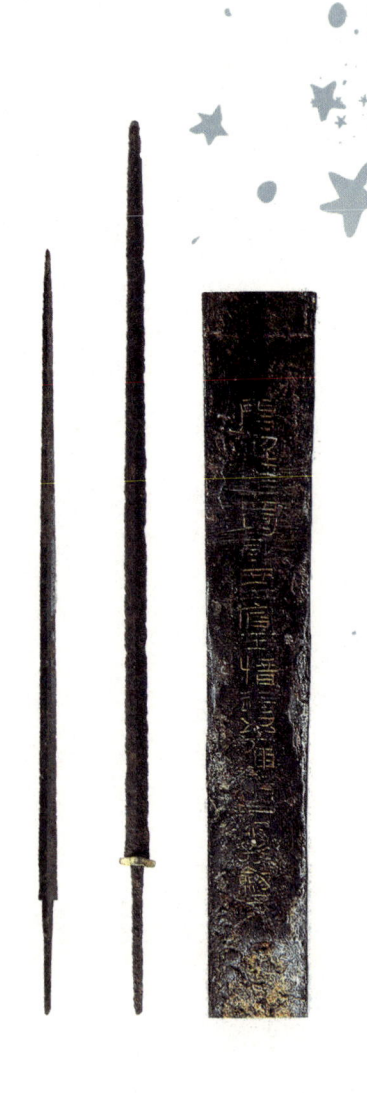

徐州出土的东汉钢剑

提到"百涑利器"，再后来，便有了成语"百炼成钢"。

其实，"百炼成钢"只是一个口头俗语，迎合了文学上的表达需要，并不是实际的工艺规格。钢并不是炼的次数越多越好，炼的次数过多，含碳量就会过低，钢的硬度就变差了。如果是用来当兵器，钢炼的次数过多，它的杀伤力会大大降低，因此必须保持适度的含碳量。

由于通过锻炼、锤炼，可以将生铁变成质地更好、用途也更广泛的钢，人们便将锻炼、锤炼这些词引申到身心修养、文学创作等方面，如要加强体育锻炼，塑造品格要经过千锤百炼，写文章要多锤炼等。

成绩

"成绩"原是古代纺织的一道工序

　　"成绩"这个词经常被大家挂在嘴边，比如明天公布考试成绩、学习成绩又有进步、我们班同学的语文成绩都很好等。对于一些英雄事迹或重大成就，人们往往会用"丰功伟绩"来形容。那么，你是否注意到"绩"字有个丝字旁呢？这是不是意味着它和古代的纺织有关系呢？

最早的布

说到古代纺织，你知道我们祖先最早是用什么材料织布的吗？考古发掘告诉我们，我们的祖先最早是用葛藤的纤维织成葛布的。江苏草鞋山遗址就出土了五六千年前的3块葛布残片。

讲到葛布，大家可能会感到有些陌生。葛生长在我国气候温暖湿润的南方山区，茎是蜿蜒缠绕的藤条状，紫红色花朵，根部可以食用。现在市场上就有葛根粉出售。

《诗经》中有一句"葛之覃兮，施于中谷"，意思是葛的枝叶长得又长又茂盛，山谷中都是它。诗人曹植作有"种葛南山下，葛藟自成阴"的诗

葛布残片

葛

句。这表明人们不仅采用野生的葛，还要大量种植葛以满足需要。

周代还专门设置了"掌葛"这样一个官职。掌葛负责征收和管理葛。从课本中你知道了越王勾践，当年他被吴王夫差放归以后，为了继续麻痹吴王，积蓄力量，就曾让大夫文种负责带领越国人种葛、采葛，最后织成了10万匹葛布献给吴王。这说明当年葛布的产量是非常大的。

葛布比较垂挺，不粘身，夏天人们穿葛布衣服会感觉格外凉爽。和其他衣料有精细、粗糙之分一样，葛布也有精有粗。古代将精细的葛布叫"绤（chī）"，供贵族穿用，普通劳动者只能穿被称为"绤（xì）"的粗糙葛布。宋代以后，棉花开始被广泛种植，除一些边远山区外，葛布渐渐退出了市场。

接长纤维有高招儿

比葛布稍晚一些出现的是麻布，在浙江钱山漾遗址就出土过4700多年前的苎麻布。天然的苎麻纤维长度大多是20厘米左右，而织布用的线却必须是又细又匀、长达几米才行。那怎样才能将麻纤维接长，而且还要接得均匀、牢固呢？这可是个大难题。人们总不能把一段一段的纤维用打结的方法接起来吧，有那么多疙瘩，还怎么织布呢？那时也没有用来粘连的胶水，即使有也不能用，不然织成的布遇水不就断开了吗？

聪明的古人在实践中有了高招儿，他们从搓绳索中得到启发，先用手指将麻皮，也就是麻纤维分劈成细细的麻丝（缕），然后将这根麻丝的头搭上另一根麻丝的尾用手指搓动，就把它们捻在一起了。这样就可以把一根一根不够长的麻丝捻接成细长的麻线，用来织麻布了。这个捻接的过程就叫"绩"，也叫"成绩"。

也许你会想，就是那么用手指搓一搓，如果松开手了，麻丝会不会反转回去又重新散开呢？聪明的祖先自然注意到这个问题了，他们运用一种叫"加拈"的办法，非常完美地解决了这个问题。

在五六千年前，人们发明了一种看起来十分简单，而工作原理却很科学的工具，它的名字叫"纺专"。它的整体形状像是一个倒着写的"T"字，代表两个小部件：一个是扁圆形的、中间有孔的石片或陶片，大小和你的手掌心差不多，厚薄和你小拇指的厚度相仿，

名字叫"纺轮"，也叫"专盘"；另一个是一根称作"专杆"的短木杆，有10多厘米长，插在纺轮中间的孔中。

纺轮是用来旋转产生捻力的，专杆是用来卷绕捻制后的纱线的。人们将待捻的麻丝一头固定在专杆上，用手转动纺轮，专杆和专杆上的麻丝自然就跟着旋转了，利用这旋转的时机便可以将另一根麻丝捻上，捻接成麻线。

随着麻线越来越长，就在纺专停止转动时，将加拈过的线卷绕在专杆上，然后再次给纺轮加力，使它继续旋转加拈，接下来再盘绕，如此循环反复。纺专旋转所产生的捻力，比人手指的捻力大还均匀，而且因为纺轮的重量，还会产生重力牵引，这样接成的麻线，既避免了接头散开，也更适宜织布。当然，

纺专

"成绩"的速度也大幅度提高了。

甲骨文中的这个 ✳（专）字形象地表现了当年人们加拈成绩的过程：↓ 像纱在旋转加拈，⊕ 表示加拈过的纱绕在专杆上，Ŷ 代表用手转动纺轮。甲骨文的文字和出土的纺专实物十分相像。由于人们还可以用纺专将几股麻丝（蚕丝、棉纱）合并成一根更粗实的麻线（丝线、棉线），后来就派生出"专一"这个词。一道纺织工序，居然产生了不止一个词语，算得上是大有成绩了吧！

还要强调一点的是，看起来结构十分简单的纺专，竟然是现代纺织工业中纺锭的前身。远古的纺专和现代的纺锭有着相同的工作原理，古人实在太了不起了！这也告诉我们，在日常的学习和生活中，绝不可以忽视那些所谓小事、简单事，一些小事中很可能包含着大道理！

布衣

"布衣"
不仅仅是衣服

　　提到"布衣"这个词,你是不是认为"布衣"就是布做的衣服?表面上看,"布衣"说的就是一种衣服,是一个服装类名词,可你知道它还是某些人的代名词吗?

平民百姓称"布衣"

在古代，一些平民出身的人就常以布衣自称。秦代著名的宰相李斯在讲自己未曾官运亨通时，说自己"乃上蔡布衣，闾巷之黔首"。上蔡位于河南，是他的出生地，闾巷是一条小街道，黔首是平民百姓的意思，和布衣有相同的含义。李斯这句话的意思是说自己是来自上蔡闾巷的平民百姓。

现在，有些没有职位的人也常引用古代的说法，称自己是布衣。这些人为什么要以布衣自称呢？这就涉及古代衣服的质地和等级了。

在距今三四千年的时候，我国纺织用的材料有蚕丝、葛、苎麻和大麻（又称汉麻、火麻）等。每种材料由于加工工艺不同，又各有精细和粗糙之分，平民百姓往往以麻制的较粗糙的布为主要衣料。这种衣料容易得到，价格自然也低廉，当然就不够高档。用这种衣料制成的粗糙衣服被称为"布衣"。衣料等级低下和身份低下画了等号，于是"布衣"就成了一些人的代称。当然，这代称很可能带有一种自嘲的成分。

我曾在北京大兴看到过一个大水坑，坑中浸沤着

一捆一捆的大麻茎，每根大麻茎有 2 米左右长，水中不时还会产生一些小气泡，那气味很臭。听化学老师讲了这沤麻的原理，我才知道大麻的韧皮层中有强度很高的生物胶，只有去掉生物胶，才能将大麻纤维分解成麻丝，人们才能得到纺织的原材料。人们将大麻茎收割后，去除掉枝杈和叶子，将大麻茎放在水中浸沤，就可以利用水中的微生物来发酵脱胶了，这个过程会产生刺鼻的气味。我国古代对麻类纤维的处理一

正面

背面

古代的麻布衣服

直是浸沤脱胶，《诗经》中就有"东门之池，可以沤麻"的诗句。

布料粗细"升"来定

前面讲了麻布有粗有细，那粗细是怎么界定的呢？古人是以一定的布幅（布的宽度）内有多少经纱来分精细或粗糙的。打个比方，你在两张一样宽的作业纸上，一张用粗笔画线，一张用细笔画线，一根挨着一根地画，纸上用细笔画的线一定比用粗笔画的线数量多。同样的道理，在一定宽度内，凡是经纱更多的布，那每根纱线必定是更细的。

怎样才能使纱线又细又匀呢？要将麻料劈分得特别细，不仅要去除其中的杂质，而且还要脱胶好，使纤维更柔韧，在制成纱线的过程中，也要更讲究技术，费工费时。反之，如果麻料劈分得不精细，残存了一些胶质，那就制不成又细又匀的纱线，自然也就织不成精细的麻布了。

请注意，接下来你要了解一个有些特殊的单位——升，古人用升来表示经线的多少。不仅如此，

升一般还作为容量单位，用于表示物体的体积。

量器——升

古人规定布幅内每 80 根经线叫 1 升，升数越多，布就越精细。15 升以上的麻布已经精细得如丝绸一般，于是人们就给它起了一个名字叫"缌（sī）布"。缌布专门用来制作贵族的服装。而 30 升的缌布，是古代技术能生产的最精细的麻布，产量非常少，专供制作帝王和贵族的帽子——麻冕所用。当年的布幅为 2 尺 2 寸，差不多相当于现在的 74 厘米。30 升则是 2400 根经线，大家想一想，在约 74 厘米的宽度内有 2400 根经线，那线得有多精细呀！

古代的平民百姓一般只能穿 10~14 升的麻布衣服。至于罪犯或奴隶，穿的则是 7~9 升的粗麻布衣服。当然有时也会有例外，如春秋时期的齐国大夫晏婴，虽高居相位，但厉行节俭，平常就穿 10 升的麻布衣服，并说布衣"足以掩形御寒，不务其美"。由于大麻的生长对土壤的要求不高，对气候又有很强的适应性，所以古代我国广大地区，尤其是北方地区，到处都有茂盛的大麻。从宋代起，朝廷大力推广棉花种植，大麻变少了，逐渐退出制衣原料市场。由于它的纤维强度好，人们给它创造了新的用武之地，例如制作绳索，既便宜又结实耐用。所谓"是金子总会发光的"，大麻的价值被人们发现后，从古至今都得到了充分利用。

牺牲

牺牲与纪念

　　在生活中，我们经常会看到"牺牲"这个词。比如老师牺牲自己的休息时间给缺课的学生补课，一位消防员为了营救被困者牺牲了自己的生命。竖立在天安门广场的人民英雄纪念碑碑文中也有"牺牲"一词：在历次斗争中牺牲的人民英雄们永垂不朽。

这些都说明，现在人们将放弃或损害某些利益或者为了正义的目的献出自己生命的行为称为"牺牲"。许多人都讲过这样一句话："没有先烈们的流血牺牲，哪有我们今天的幸福生活。"这句话中的"牺牲"两个字，更是饱含了人们对英雄们的无限崇敬。

为大自然献上"牺牲"

然而在古代，"牺牲"是另一番意思：举行祭祀大典时献给神灵和祖先的一种祭品。

《周礼》中有记载："凡祭祀，共（供）其牺牲。""牺牲"究竟是什么样的祭品呢？这得从这两个字的含义说起。在古文的字义中，"牺"是做祭品用的毛色统一的牲畜，"牲"是用来供奉的整只牲畜，所以在古代，"牺牲"这个词就是用来供奉的毛色统一的整只牲畜的意思。从历史记载看，那时供奉的牲畜主要是牛、羊、猪。

那古人为什么要祭祀呢？祭祀又是怎么产生的？是什么时候产生的呢？这就要说到远古时期人们对大自然和祖先的敬畏心理了。

大自然赐予了人类诸多恩惠，它给了人类充足的食物和水，还有明媚的阳光、丰富的矿藏等，但有时洪水泛滥、暴风狂卷等自然灾害对人类也造成了很大的伤害。

远古时期的人们还不理解为什么会有这些自然现象，对大自然既敬又怕，他们认为一定有神灵掌管着寒来暑往、风雨雷电，他们希望这些神灵只降福、别降灾，于是就通过祭祀的方式，向神灵传达愿望。

那时，人们对自身也不了解，不知道人为什么会死去，加上受到影子、梦境等他们还说不出原因的现象的影响，"灵魂"的观念自然就产生了。人们认为祖先虽然死了，可灵魂还在，而且灵魂还具有神力，仍然可以影响甚至支配人世间的一些事情，由此人们对祖先也有了敬畏的心理。和对大自然进行祭祀一样，人们对祖先也开始进行祭祀。那些在世时强悍有为、为百姓做出过突出贡献的人，在死后更会受到人们的祭祀。

我们现在当然知道掌管大自然的神灵和祖先的灵魂都是不存在的，那只是远古时期的人们因为认知有限而产生的想法。

5000年前的祭祀大典

至于祭祀产生的时间，由于远古时期没有文字记载，我们无法确切知道最早的祭祀出现在什么时候，只能通过考古发掘来探索这个问题。

1983年，考古人员在辽宁发掘了距今5000年左右的牛河梁遗址，遗址中有一个占地面积约10000平方米的大型祭坛，祭坛现存高度10多米，直径约100米。

考古人员还在遗址中发现了一座"女神庙"，庙内有很多塑像，最珍贵的是一具约莫真人的脑袋大小的女性头像。考古人员猜测这可能是该地区先民共同供奉的女性祖先，因此把它命名为"女神像"。

牛河梁遗址中的"女神庙"就是远古时期的人

们平日里供奉神灵的场所。举行祭祀大典时，他们会将神像安放到祭坛上，让它接受众人的祭拜。考古人员在浙江发掘并确认的良渚古城遗址是实证中华五千年文明史的圣地，那处遗址中也有两座祭坛。

红山文化彩塑女神像
新石器时代
辽宁省文物考古研究院藏

根据以上发现，我们可以说，至迟在5000年前，中国就有了祭祀大典。

商代有了甲骨文，祭祀也就有了文字记载。到周代时，祭祀的形式更加规范，统治者还规定了每种祭祀的时间。比如要在每年的冬至祭天，要在每个季度的第一个月选择一天祭祖，每年春天播种前、秋季收获后都要祭社（土地神）。这些祭祀行为逐渐形成了我们的传统节日，如清明节、端午节等。

古人在祭祀时还会奉上最丰盛的食物，举行最庄重的仪式。你在博物馆参观时看到的那些精美的青铜器，其中有许多都是当年盛放祭品的礼器。比如青铜鼎是用来盛放熟肉的，青铜簋是用来盛放煮熟的黍、稷、稻、粱等谷物食品的，而青铜尊则是用来盛放酒的……有一种叫"青铜豆"的青铜器，你也许没怎么注意过它，虽然它和黄豆、绿豆、蚕豆都用了同一个"豆"字，但它是当时最常见的一种容器，盛放的是人们吃饭时不可缺少的腌菜、肉酱等调味品，是不是有点儿像现在的瓷盘呢？

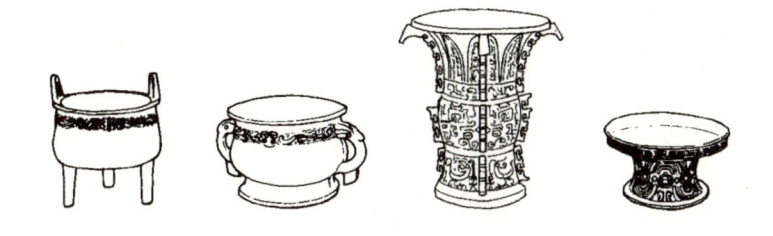

青铜鼎、青铜簋、青铜尊、青铜豆的线图

从祭祀到纪念

古代祭祀都有什么祭品呢？除了牛、羊、猪，还有别的吗？

由于历代的祭品多有相同之处，为了让大家更容易了解，我们就以清代在天坛圜（huán）丘祭天的仪式为例做一个说明。

"祭天"是古代最重要的祭祀，一般都由皇帝来主持。为了表达对滋润、哺育万物的"皇天上帝"的感恩之情，每次祭祀大典的祭品都是非常丰富的：除了牛、羊、猪以外，还有24种点心、干果、菜品、黄米饭、小米饭、白米饭和高粱米饭，以及浓汤、酒类。真是一桌极其丰盛的宴席呀！

祭天时使用的食品不仅种类多，而且从选材到加工制作都特别精细讲究，比如牛、羊、猪不仅要大小一样，体格健壮，不能有一丁点儿杂色的皮毛，还不能有皮外伤。其中对牛的要求最高。在古代，牛是耕地的主力，是农民最好的帮手，所以很多朝代都禁止杀牛、吃牛肉。明清时期，皇帝的菜单上也是没有牛肉的，这体现了他们对农业的重视。为了表示对上天的格外敬畏，人们要选出心目中最珍贵的牛来祭祀。这些牛都是出生不到100天的黑色小公牛，它们的牛角还不能超过蚕茧的大小。这样的小牛犊非常难找，100只里也未必能挑出一只，因此小牛犊的挑选范围是全国各地。被挑选出来的牛、羊、猪等牲畜则会被专门饲养在天坛里一个叫"牺牲所"的地方。

我们要缅怀先烈

随着时代更迭，社会日益进步，人们对世界和自身了解得越来越多，思想观念也越来越科学。在这一过程中，"牺牲"渐渐产生了衍生意义：从为了向神灵或祖先求福而献上的珍贵食物，变成了人们为了正义的目的舍弃自己的一些东西，甚至包括生命的行为。而祭祀中的祭祖也演化为我们对亲人和先烈举行的纪念活动或公祭大典。清明节时，我们要给亲人扫墓，表达对他们的追思，体现的是浓浓的亲情；每年9月30日，中国烈士纪念日这一天，我们会在天安门广场的人民英雄纪念碑前举行隆重的纪念活动，缅怀先烈的丰功伟绩；每年12月13日，南京大屠杀死难者国家公祭日这一天，我们要祭奠1937年在南京大屠杀中遇难的30多万同胞，牢记历史，为世界和平贡献我们的力量。

大驾

"大驾"
是最高级别的仪仗

　　请求他人帮助时，我们常会说的一个词是"劳您大驾"；遇到客人来家里做客，我们也会很热情地说"欢迎大驾光临"。"大驾"在这里是一种客气的礼貌用语，含有一定的敬意。当我们究其本义时，发现"大驾"在古代礼仪文化中，是皇家出行时一种级别最高、规模最大的仪仗，是尊上的体现。

自周代制定《周礼》起，我国古代就建立了一套等级分明的礼仪制度——不同等级的人在不同场合要使用不同的排场、不同的器物。具体到出行来说，帝王出行和官员出行在车马、人员、旗帜、乐器等各个方面都有巨大差别，而皇帝出行因目的不同，使用的车马、随行人员等也有差别。

"航拍"皇帝出行

古代将皇帝出行时的那些仪仗、车马以及随行人员总称为"卤簿"，不同目的的出行，配备不同规格的"卤簿"，而"卤簿"就是礼仪制度的一部分。今天以中国国家博物馆收藏的《大驾卤簿图书》卷为例，给大家

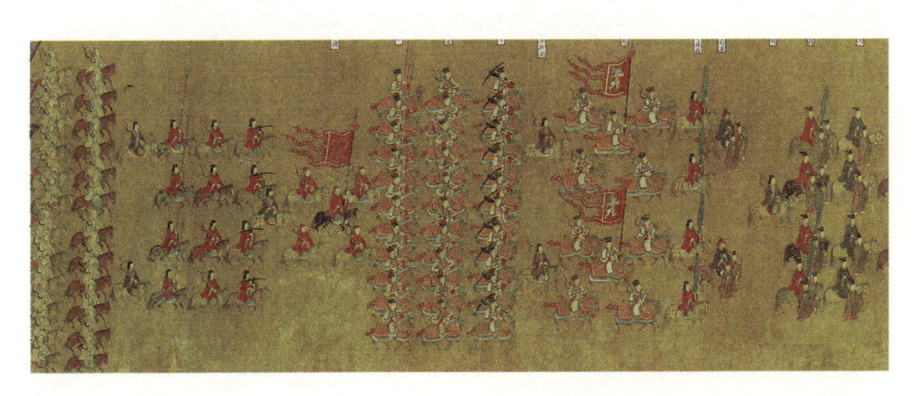

《大驾卤簿图书》卷（局部）

讲一点儿大驾卤簿的往事。

该图画于元代，但描绘的则是宋代大驾卤簿的情况。全图长1481厘米，差不多是《清明上河图》长度的3倍。与《清明上河图》不同的是，这幅图除了有画面，还有大量的文字，详细注明了图中所描绘的人和物，所以被称为《大驾卤簿图书》卷。

宋代卤簿分为4个等级，即大驾卤簿、法驾卤簿、小驾卤簿和黄麾仗，其中大驾卤簿的等级最高。你现在看到的画面，仅仅是原图中很小的一部分。根据看到的情景，你能猜出全图大约有多少人、多少马、多少车吗？

答案揭晓：全图共有官吏、将士5481人，马2873匹，车61乘，大象6只，牛36头，还有很多乐器、旗帜等，场面非常宏大。这些数字是不是超出了你的想象呢？

为什么里面还有大象呢？按照礼仪制度，自汉代开始，卤簿中就有大象，而且大象排在队伍最前面，称为"象引"。古代将大象排在队伍前面，是有很强的象征性的：传说在舜担任部落联盟首领的时候，他美好的德行受到人们的一致称赞，连大象都主动来帮舜耕地。大象的出现，被当时的人理解为明君在世，所以在大驾卤簿中用大象做排头兵，自然是象征皇帝是有德的明君了。再者，大象身躯庞大，也能更好地显示皇家的威仪。

《大驾卤簿图书》卷中的大象

《大驾卤簿图书》卷画面中有部分大驾卤簿是规格最高的，处在图中最核心的部分——那是一辆与众不同的车。它的车顶是圆形，车厢是方形，象征"天圆地方"，由6匹马拉着，即"天子驾六"。这辆车

的名字叫"玉辂（lù）"。"辂"的本义是大车，因为用玉来装饰，所以叫玉辂。据记载，宋代皇帝乘坐的这辆玉辂居然还是唐朝传下来的，可以说是十分坚固耐用了。那么，动用这最高规格的大驾卤簿，皇帝是要去哪里呢？

根据礼仪制度，皇帝是要到都城河南开封的南郊举行祭祀天地的典礼。这是最隆重的祭典，所以要使用大驾卤簿。皇帝的大驾到了南郊，这可是名副其实的"大驾光临"了。

十里之内才是"郊"

说到"郊"，你可能会想到郊区、城外、乡村。事实上，古人并不是将城外的区域都称为郊，而是按照

距离城市的远近来给不同区域命名。古书上说"十里为郊",意思是说距离城墙十里的范围内都属于"郊"。那十里之外呢?请记住,每十里有一个新名字,它们分别是"牧""野""林""坰",也就是距离城墙十到二十里的范围叫"牧",距离城墙二十到三十里的范围叫"野",以此类推。

《大驾卤簿图书》卷由于人物众多,而且非常写实,再加上有那么多详细的文字说明,所以它成为我们研究宋代服装、仪仗、兵器、乐器等内容的重要参考资料。也正因为它有极高的历史价值,所以在2008年,它作为中国名画之一出现在北京奥运会开幕式上,受到了全世界的瞩目。

古今礼制各不同

像《大驾卤簿图书》卷所描述的这种祭祀天地的大典，宋代前后的各朝代都要举行。这一方面是由于当时的人们缺乏自然科学知识，误以为天地间有威力巨大的天地神灵，所以要动用大量人力、物力去举行祭祀大典，祈盼天地神灵能够降福消灾，让人们过上好日子；另一方面是因为这种祭祀大典的权力是皇帝专属的，他需要用盛大的仪式来彰显自己绝对的权威，以此强化百姓对自己"天子"身份的认同，强化自己的统治。

随着封建制度被推翻，皇帝的祭祀大典成为历史，但是礼仪制度并没有消失。不同时代的礼仪制度内容自然是不同的，它要反映时代的精神面貌。现在我们在一些场合看到的仪仗队，就是当代礼仪制度的一部分。例如一个国家在迎、送来访的外国领导人时，都会举办隆重的仪式，以表达对来访者的友好与尊重。

如意

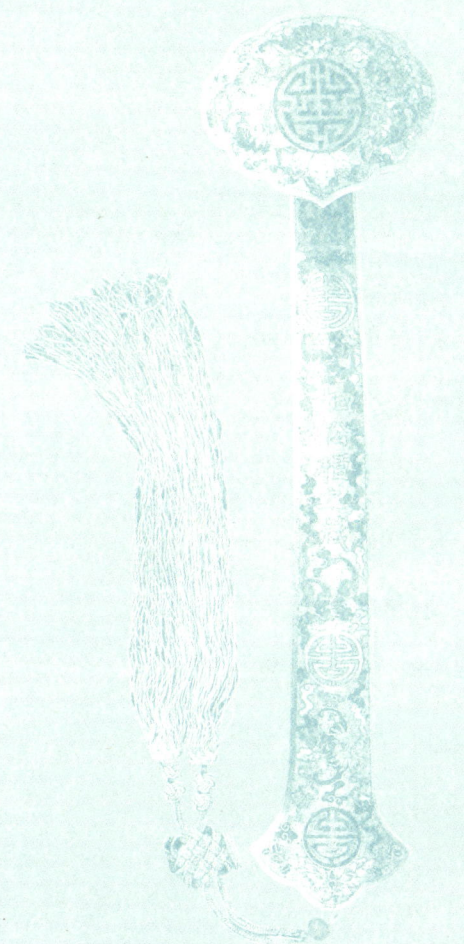

痒痒挠和**如意**是"亲戚"吗

生活中你是不是也遇到过这种情况：觉得后背特别痒，可用自己的手又够不到发痒的部位，这时一个叫"痒痒挠"的小物件就派上了用场，你用它在后背挠一挠，痒劲儿就去除了，浑身顿感舒服。"痒痒挠"是这个小物件的俗称，它真正的名字叫"爪杖"。大约在距今2200年的时候，中国就有了爪杖，由于它可以代替人的手指和手臂搔抓解痒，达到"如人之意"的效果，于是它便有了"如意"的称呼。

大有讲究的如意

"如意"这个词呀,很符合人们追求美好的心愿,所以一种在爪杖基础上演变而成的工艺品进入了人们的生活,"如意"便成了这种工艺品的名称。它的长短和爪杖相近,但在造型上和爪杖的差别越来越大,所用材质更是越来越珍贵。在清代,特别是乾隆时期,如意所用材质极尽奢华——黄金、宝石、珠玉、象牙、珐琅、紫檀等都成了制作如意的材料。除了材质,工匠们还要费尽心思在造型上体现更多的美好寓意,如意的首部(也叫头部)大多设计成灵芝形、莲花形、卷云状或蝙蝠形,因为它们都象征祥瑞。你知道吗,有的如意首部会有两个柿子的造型。因为"柿"和"事"同音,所以这种造型的如意就表示"事事如意"了。

玉福寿纹如意　清　中国国家博物馆藏

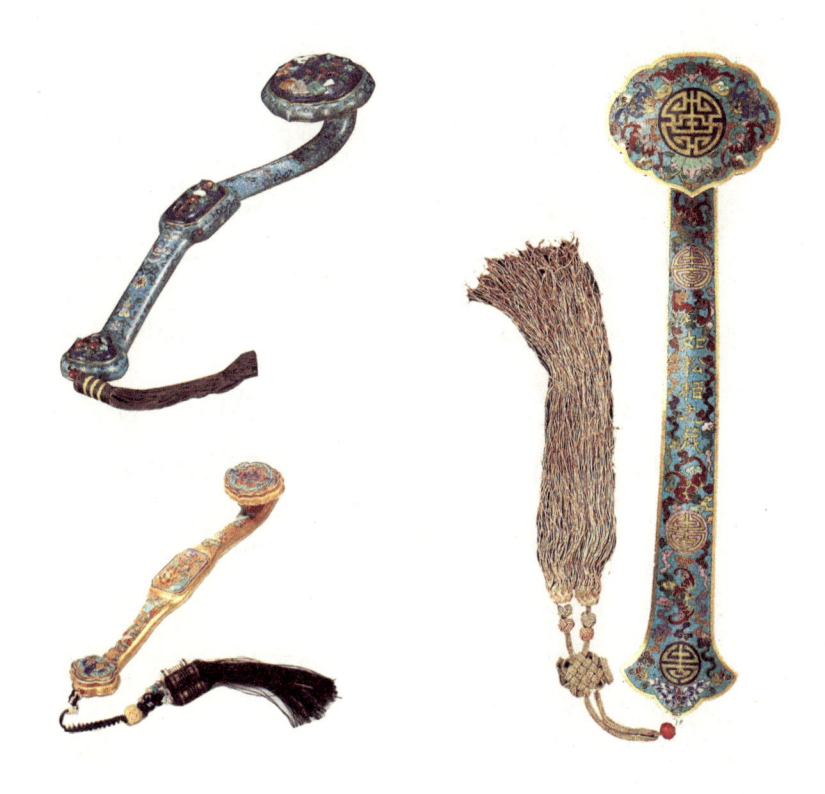

不同材质和形状的如意

不再挠痒痒的如意

这件如意是清代中期制作的，是当年皇宫中比较有代表性的用品，陈设在永寿宫中。它的长度有54厘米，先用名贵的红木

清代中期的如意

雕成一个有高低起伏的底托，最高的部分为"首"，中间凸起的那一段叫"柄"，最下端叫"趾"。工匠们在红木托上密密实实地装饰着多彩宝石雕成的花果，上面还有用黄金制作的古钱、番莲等花纹。你看清楚这件如意上都有什么植物了吗？在如意的首部和趾部有佛手、桃实（西王母的仙桃）、灵芝和石榴，这个组合象征多福多寿；如意的柄部有象征富贵的牡丹花。总之，这件如意材料珍贵、寓意美好、色泽艳丽、制作精湛，是一件惹人喜爱的艺术品。

就这样，如意成了人们赏玩的雅物、过年过节时祈福祝寿的瑞品、书房客厅中的陈设，自然不能再用来挠痒痒了。乾隆皇帝就有诗句写道："处处座之旁，率陈如意常。"意思是说，在宫中各处座位旁边往往都放置着如意，供人欣赏，让人享受美好的祝福。

因为如意有这些重要

雍正皇帝手持如意图

的用途，自然就成了人们互相馈赠的贵重礼品之一。古时候很多臣子都要选购各种精美的如意敬献给皇帝、皇后，以讨欢喜、求得功名。帝王们往往也将如意作为赏赐品赐给臣子，表示对臣子的恩宠。雍正皇帝就曾将一柄玉如意赏赐给军机大臣张廷玉，并说"愿尔往来事事如意"。

"如意"不如意

历史上当然也有送了如意却并不如意的情况，最典型的事件就跟大贪官和珅有关。在乾隆皇帝晚年时，和珅向即将登基成为新皇帝的颙琰（yóng yǎn，即后来的嘉庆皇帝）进献了一柄玉如意，以示忠心，但颙琰早就对和珅的贪赃枉法深恶痛绝，可是碍于自己的父皇护着和珅，还不能对和珅采取什么行动，便对大臣们说："你们以为如意能带来吉祥，我看未必。"一开始，大臣们还没弄懂这句话的真正含义。乾隆皇帝去世没多久，嘉庆皇帝便将和珅逮捕，并很快将其抄家赐死，这时大臣们才明白嘉庆皇帝当初为什么讲那样的话。

祝你万事如意

　　由于如意是美好吉祥的象征物,"如意"二字也就成了人们喜欢用的词语了:大家常常会讲"吉祥如意""万事如意"来表达对他人的美好祝愿;当有人喜结良缘、幸福美满时,人们则形容他们"称心如意",或夸奖做丈夫的是"如意郎君";而当有人为个人、为小团体的利益精心算计时,人们又会略带贬义地说他们是"打如意算盘"。你学会这些词语了吗?

漆黑

中国最早使用"漆"

人们常常将黑暗的空间形容为"漆黑一团"。有一次我和同伴们到煤矿的巷道里参观，下到巷道时，大家一同将头顶的矿灯关闭，那真的就是立刻什么也看不见了，大家异口同声地说："真是漆黑一片呀！"这里我们说的"漆黑"不光是一个形容词，还是我们祖先对世界人类文明做出的一项重要贡献，你知道这是怎么回事吗？

由"生"变"熟"的漆

说漆黑自然要从"漆"讲起,这里的"漆"不是现在我们到处可以见到的涂料漆,而是"大漆",也叫"天然漆",是自然界的产物——漆树的汁液。

在我国温暖湿润的地方,例如贵州、四川、云南、湖北等地,都有丰富的漆树资源。人们将漆树皮深深割开,便会有乳白色的漆液流出,这种刚流出的漆液被称为"生漆"。生漆在暴晒后,水分蒸发,会逐渐变成半透明的"熟漆"。

我们的祖先有可能是在森林中狩猎或伐木时,偶然间用石斧、石刀等割破了漆树的皮,发现了流出来的漆液。由于漆液有很强的黏性,祖先也许就把它当黏合剂用了。之后,漆的防水、防锈、防腐蚀、美化等功能被祖先一一认识和利用。总之,人类对漆的使用经历了一个相当漫长的过程,但不论怎样推断,有一点是不容置疑的,那就是中国是世界上最早发现和使用天然漆的国家。

历久弥新的漆器

将漆液涂在各种木质（也有少量竹质、皮革质）的生活用品或者工艺品的表面，就制成了我们常说的漆器。中国是世界漆器手工业的发祥地。

2002年，考古工作者在浙江萧山跨湖桥遗址中发现了一把涂了漆的木弓，距今七八千年，它成为研究中国古代漆器起源的最早物证。

1977年，浙江余姚河姆渡遗址出土的漆木碗、漆木桶上涂有朱红色的漆，它们距今约7000年，是已知最早的彩色漆器。人们将朱砂加入熟漆中，就可以得到红色的漆，若加入氢氧化铁，制成的则是黑色的漆，那颜色不就是"漆黑"吗？我

漆弓 新石器时代
跨湖桥遗址博物馆藏

国古代使用朱漆和黑漆是最多的。由于涂了漆的器物都会有很强的光泽感，变得油亮油亮的，人们就顺口造了"油漆"这个词。

汉代以前的漆器，主要是日常生活器具、丧葬用品、兵器、乐器等。假如你穿越时空和汉代的大将军韩信相遇了，你会看到他的士兵拿着漆盾牌，挎着的腰刀上有漆刀鞘。当韩信坐下来同你吃饭的时候，每个人面前会有一个长方形的漆案，上面放着盛有肉和面食的漆盘，还有喝酒、喝水的漆耳杯，还有人用漆琴、瑟、鼓、笙等为你们演奏乐曲。当时漆器的种类是不是很丰富呢？

朱漆木碗邮票

世界闻名的湖南长沙马王堆汉墓中出土了500多件漆器,无论是谁,第一次看到它们的时候,肯定都有点儿不敢相信自己的眼睛,甚至还会发问:"这真的是原件吗?"因为这些漆器都制作得太精美,保存得太完好了!尽管它们被埋在地下2000多年,可现在看起来依然跟新的一样。

会"讲故事"的漆器

古人制作漆器追求美观,并不是简单地涂涂漆就行了,而是要在漆的底色上再彩绘上人物、动物、花草、云彩等各种图案进行装饰。在丰富多样的漆器彩绘作品中有一幅人物故事画,画得既精美又富有教育意义,我们一起来欣赏一下吧。

在安徽发现了一件三国时期的季札(zhá)挂剑图漆盘,最外边是两圈装饰画,有莲蓬、游鱼、白鹭啄鱼和童子戏鱼等内容。

你注意看那几条游鱼,不仅每条鱼的姿态都不一样,而且鱼身上色彩的呈现也富有层次——鱼的背部是深灰色,鱼的腹部是金色,鱼的鳞片、鳍和身上的斑纹用黑色的细线勾出,立体感极强,真是形象逼真,栩栩如生。

漆盘中间是最引人注目的部分,画面中一共站立了3个人,站在最前面、身穿红袍的是最重要的人。他刚刚祭拜过已经故去的友人,又很郑重地把身上佩带的宝剑挂在墓旁的一棵树上。他是谁,为什么要把宝剑挂在这棵树上呢?

季札挂剑图漆盘　三国　朱然家族墓地博物馆藏

原来这位年轻人叫季札,是春秋时期吴国国王的弟弟。他聪明好学,多才多艺,待人真诚亲切,所以人们都乐意和他交朋友。吴国国王看弟弟这么能干,又很受人们的欢迎和尊敬,就常派他到别的国家访问。

有一天,季札来到了洪泽湖边的徐国。徐国的国君早就听说了季札的学问和人品,而季札也了解到这位徐君是个很受人民爱戴的人,两个人一见如故,相谈甚欢。在谈话中,徐君不断称赞季札的剑术和他的宝剑,其实徐君是想讨要季札的宝剑,可毕竟是第一次见面,也不好意思开口。季札多聪明呀,他从徐君的话语和表情中完全明白了对方的意思,本想立刻就满足徐君的愿望,把宝剑赠送给眼前这位新朋友,可是他接着还要到另一个国家去,这宝剑是身份的象征,不能不佩带呀。想到这里他暗暗下定决心,等完成出使任务后,再回来把宝剑赠送给徐君。

天有不测风云,谁也没有料到,季札同徐君告别后不久,徐君突然生病,不幸去世了。对一般人来说,既然对方已经去世,除了悼念也就不必再送什么物品了,可是季札完成访问另一个国家的任务返回徐国时,他想:既然我已在心中许诺要把这把宝剑赠送给徐君,现在不能因为他死了就违背承诺。于是在祭奠了徐君后，季札就把自己的宝剑挂在了徐君墓旁的树上。

古代工匠把"季札挂剑"的故事画在了漆器上，希望人们能够记住诚信是一个人非常重要的品德，每个人都应该将诚信看成是做人的根本。

不可小觑的髹（xiū）漆技术

汉代以后，由于瓷器大量进入生活领域，漆器就转向工艺品方向发展了。唐代产生了一种雕漆工艺。"雕塑、雕刻"这些词你一定不陌生，但漆怎么雕刻呀？这难不倒聪明又好动脑筋的古人，他们先做好一个木胎，然后在上面一层一层地刷漆，这称作"髹漆"。请注意，不是不间断地髹，每髹一层都要放置几个小时，等到漆基本干了后，再髹一层，每天只能髹两三层。根据要雕刻的内容，髹漆厚度也不一样，一般都要髹150多层。待漆达到一定厚度时，就可以进行雕刻了。

雕漆的纹饰具有层次分明、立体感强的效果，有非常高的观赏价值。如果髹的都是红漆，就叫"剔红"，如果髹的都是黑漆，就叫"剔黑"，当然还有剔绿、剔

黄、剔犀、剔彩等。其中，剔犀一般使用两种色漆（多以红黑为主），先把一种颜色的漆刷在胎上，刷到一定厚度后换另一种颜色的漆再刷多遍，有规律地使两种色层达到一定厚度后，再用刀以45度角雕刻出回纹、云纹、卷草纹等不同的图案。虽然雕漆制品出现得比较晚，但它很快就成了人见人爱的工艺美术品，一直到今天，人们还对它青睐有加。

漆还是好涂料

讲到这里，漆的一个大作用我还没有讲，你想到是什么了吗？给你点儿

剔犀寿字云纹瓷胎尊　清
故宫博物院藏

提示：你想想曾看见过的古代房屋的门、窗、柱子的表面是什么样子的？是不是都有比较厚的漆？我国传统的建筑都是以木材为主要建筑材料的，木材不仅怕火，还很怕水。长时间处在潮湿环境中，木材很容易生虫、腐朽。人们就将漆刷在门、窗和柱子表面用来防潮，而且刷得比较厚。建筑上的漆大部分都是彩色的，尤其以红色和绿色居多。这样一来，建筑物不仅得到了很好的保护，还更加美观，也便于擦洗，可谓一举三得。现在的很多建筑表面也要喷刷化工涂料，这和古代建筑物上刷漆有着异曲同工之妙。

中国的漆器和髹漆技术，从汉代开始就走出了国门，先是传到邻近的日本、朝鲜，后来经丝绸之路陆续传到了中亚、西亚、北非，还传到了欧洲一些国家。我们可以非常自豪地说，世界上制造漆器的国家，或多或少都受到了中国漆器的影响。

值得一提的是，现代科学研究发现，天然漆成膜后还具有耐高温、耐冲击、耐多种溶剂、防海洋生物附着和防原子辐射等性能，因此天然漆被运用到了交通、化工、航天等领域，它的潜在价值还有待于进一步挖掘。

禁止

"禁止"
竟然和饮酒有关

我们经常会在生活中看到"禁止"一词，它的意思是"不许"，经常被用来约束人们的行为，如"禁止踩踏花草""禁止带危险品上车"等。有时为了进一步增强约束的力度，人们会在"禁"之前加上"严"字，如"严禁酒后驾驶"。不过，你知道吗，"禁止"的"禁"还指一种青铜器。

特别稀有的青铜禁

说到青铜器,你也许能想到鼎、尊、爵、编钟等很多耳熟能详的器物,但对青铜禁可能会感到相对陌生。这很正常,因为考古发现的青铜禁数量太少了,大家在博物馆里都很难看到,更别说了解它们了。青铜禁为什么这么少见呢?这是因为在周代,青铜禁是一种大型礼器,只有在重要的祭祀场合才会使用,铸造时需要耗费大量珍贵的铜。

这么稀少的青铜禁究竟长什么样,是做什么用的呢?

青铜禁的形状基本为长方体。以天津博物馆收藏的西周时的夔纹铜禁为例,它长126厘米、宽46.6厘米、

夔纹铜禁 西周 天津博物馆藏

高 23 厘米，前、后壁各有 16 个长方形孔，左、右壁各有 4 个长方形孔，顶面中间部位有 3 个椭圆形孔。它的顶面四周和四壁周边都装饰着生动的夔龙纹，所以才有了"夔纹铜禁"的名字。根据这些简单的描述，你能猜到它的用处吗？

其实，禁是用来盛放物品的。你看它是不是和咱们家里的茶几有些相似呢？请你再仔细观察夔纹铜禁的 3 个椭圆形孔，看到上面凸起的口沿了吗？那就是为了嵌合所放置的器物而设计的，可以使放在椭圆形孔里的器物更加稳定。至于放置什么器物，都是有严格规定的。比如夔纹铜禁的椭圆形孔，恰好同一般的卣（yǒu）、觥（gōng）、壶等青铜器底部形状一致，所以可以用来放置这些青铜器。

卣

觥

壶

流失海外的珍贵青铜禁

令人痛心的是，青铜禁数量本来已很稀少（传世的西周青铜禁只有两件），却还有一件流失海外。我国从地下挖掘出来的第一件青铜禁——柉(fán)禁（又称夔蝉纹禁），如今就被收藏于美国纽约的大都会艺术博物馆中。

在柉禁出土之前，人们只在古籍中了解到有"禁"这种器物，并没有人见过。据传，清代光绪二十七年

（1901年），陕西宝鸡戴家湾的乡民在挖地时挖出了一座古墓，柉禁重见天日，这才让人们看到了青铜禁的庐山真面目。更重要的是，这次出土的不仅有青铜禁，还有和它配套的尊、卣、爵、觚（gū）、觯（zhì）等13件青铜器。柉禁是目前已知的西周青铜禁中唯一一件和配套青铜器一同出土的青铜禁，具有极高的学术研究价值和艺术欣赏价值。

柉禁及配套青铜器　西周　大都会艺术博物馆藏

禁酒令 ≠ 不饮酒

不知你有没有发现，和青铜禁配套的青铜器，从器物名称上看都是酒器。其实这正是周代铸造青铜禁的关键所在。

大家都知道商代盛行饮酒，必定要制造大量酒器，所以在各个博物馆收藏、展出的商代青铜器中，酒器的种类和数量都比较多。商代的最后一位君王商纣王甚至在他的行宫里建造了酒池肉林，他和宠爱的妃子以及宠信的大臣在那里饮酒作乐，既误了国家大事，也引发了百姓的怨恨。

商朝灭亡后，给周天子辅政的周公旦仔细分析了商亡国的原因，他认为，过度饮酒是重要原因之一。为了谨记这个教训，他制定并颁布了《酒诰》，也就是禁酒令，这也是我们能看到的中国历史上第一个禁酒令。当然，《酒诰》并不是说让人们一点酒也不能喝，它旨在告诫人们要适度饮酒，平常不要饮酒，只有在祭祀这样的重大仪式上，为了表示对天地神灵、国君的尊敬和对祖先的孝敬，才可以饮酒，但一定不能喝醉。

周天子下令铸"禁"

除了《酒诰》的明文规定,周天子还特意命人设计、铸造了名为"禁"的青铜器。那"禁"究竟是什么意思呢?东汉一位叫郑玄的大学问家告诉人们,"名之为禁者,因为酒戒也",也就是说"禁"的名称其实源于戒酒的用意。

既然要让禁起到戒酒的作用,那它的使用场合就很有讲究了:每当周天子举行祭祀大典时,禁就会被摆放在一个显著的位置,禁上摆放着尊、卣、觚等酒器。在场的大多数人都是有一定身份地位的王公贵族,这些人往往也是饮酒大户,所以更是《酒诰》重点告诫的对象。

我们不妨设想一下,那些参加祭祀的贵族,穿着庄重的礼服,怀着虔诚的心情来到现场,尽管闻到了酒的美味,也端起了酒杯,可面前那醒目的禁彰显着告诫的威力,再加上祭祀时神圣严肃的气氛,禁酒的效果应该是显而易见的。西周时期的酒器明显比商代的酒器品种少、数量少,这正是当时西周禁酒的一个真实写照。

做事往往应有节有度，对成年人来说，适度饮酒是没问题的，但酒精会麻痹人的神经，喝多了不利于身体健康，甚至会酿成悲剧——那些司机酒后驾驶导致车毁人亡的事故如今仍时有发生。所以青铜禁的出现是社会文明进步的一个表现。那些由禁止开头的标语，无论是"禁止过度饮酒""禁止高空抛物""禁止大声喧哗"，还是"禁止翻越""禁止触摸""禁止拍照"等，它们或是为了保障我们和他人的人身安全，或是为了保护公共财物安全，或是顾及公众的感受，我们都必须严格遵守。

附 录

字词演变小课堂

城市

古义："城"字的本义是城墙，例如万里长城；"市"则是买卖商品的场地，也是最原始的商业活动。

今义：人口集中、工商业发达、居民以非农业人口为主的地区，通常是所在地区的政治、经济、文化中心。

管辖

古义："辖"是古代固定车轮的零件；"管"在古代指开门的钥匙。

今义：管理、统辖之意。

宝贝

古义：古代各地都认同的作为交换标准物的实物货

币——海贝。

今义：珍奇的东西或对小孩的爱称。

权衡

古义："权"和"衡"最初指的是两种称重的器物，需要配合使用。

今义：表示"衡量、考虑"的意思，如"权衡利弊""权衡得失""权衡轻重"。

广告

古义："广告"一词的本义就是"大喊大叫"。用言语来介绍交换的物品是"口头广告"，将商品悬挂、摆放在醒目位置用于宣传推销是"实物广告"。

今义：向公众介绍商品、服务内容或文娱体育节目的一种宣传方式，一般通过报刊、电视、广播、网络、招贴等形式进行。

规矩

古义："规"和"矩"是我国古代工匠常用的两种工具，规用来画圆，矩用来画方。

今义： 一定的标准、法则或习惯；合乎标准或常理，(行为)端正老实，办事要守规矩。

问鼎

古义： "鼎"原本是烹煮肉食的炊具，最早是用陶土烧制的。"问鼎"问的是鼎的大小轻重。

今义： 指图谋夺取政权，也指在比赛或竞争中夺取第一名。

符合

古义： "符"指的是兵符或者交通、贸易等方面的凭证，"合"是人的行为。"符"在使用前先要分为两半，这叫"剖符"，待到对证时，再使其相合，也就是名副其实的"符合"。

今义： (数量、形状、情节等)相合。

矛盾

古义： 指两种兵器，"矛"是刺杀用的兵器，"盾"是防御用的兵器，二者的作用完全相反。

今义： 泛指事物互相抵触或排斥；哲学和逻辑学上的

名词。

沐浴

古义： 古人将洗头发称为"沐"，将洗身体称为"浴"。

今义： 洗澡；借指受润泽；比喻沉浸在某种环境中。

参差

古义： "参差"是一种能吹奏的乐器，在唐代盛行，不过它在唐代的名称叫"排箫"。排箫由多根细管组成，长短不一，实在是参差不齐，所以古人就将它命名为"参差"了。

今义： 长短、高低、大小不齐，不一致；大约，几乎；错过，蹉跎。

镇压

古义： 最初"镇"是用来压席子的，汉代以后随着纸张的出现，"镇"又成了文房用具。

今义： 用强力压制，不许进行某种活动（多用于政治）；处决；压紧播种后的垄或植株行间的松土，目的是使种子或植株容易吸收水分和养分。

斧削

古义:"削"在古代指书刀。古人把字写在竹条或木片上,一旦写了错字,就要用"削"将错字削掉,如同橡皮一样。后来,人们在请他人审读、指正自己的文章时,便有了恳请"斧削"一词。

今义:斧正,请他人修改文章。

运筹

古义:"筹"又叫策、算子、算筹,是我们祖先发明的一种运算工具。

今义:制定策略;筹划。

计较

古义:"较"指的是古代车厢左右两侧栏杆上安装的一件供人倚扶的横把手。由于通过"较"的材质和装饰,人们能辨别乘车人的身份和地位,所以就有了"计较"之说。

今义:计算比较;争论;打算,计议。

巾帼

古义： 一种被称为"假髻"的配饰，是古代女子的专用物品。

今义： 借指妇女。

模范

古义： "模"和"范"是铸造青铜器时必不可少的两种物品。

今义： 值得学习的、作为榜样的人；可以作为榜样的，值得学习的。

锻炼

古义： 古人在炼钢时，把加热锻打一次叫一涷，"涷"字在古书中也常被写作"炼"。东汉时期的刀剑上有"五十涷""百涷清刚（钢）"的字样，曹操的文章中也提到"百涷利器"，后来就有了成语"百炼成钢"。

今义： 比喻久经锻炼，变得非常坚强。

成绩

古义： 古代麻纺织的一道工序。

今义： 工作或学习的收获。

布衣

古义： 古代平民百姓用麻制的较粗糙的布制成的衣服被称为"布衣"。衣料等级低下和身份低下画了等号，于是"布衣"就成了一些人的代称。

今义： 布衣服。

牺牲

古义： "牺牲"是古代举行祭祀大典时献给神灵和祖先的一种祭品。"牺"是做祭品用的毛色统一的牲畜，"牲"是用来供奉的整只牲畜。

今义： 为了正义的目的舍弃自己的生命；放弃或损害某些利益。

大驾

古义： "大驾"在古代礼仪文化中，是皇家出行时一种级别最高、规模最大的仪仗，是尊上的体现。

今义： 敬辞，称对方。

如意

古义：古代有一种小物件叫"爪杖"，也就是我们俗称的"痒痒挠"，由于它可以代替人的手指和手臂搔抓解痒，达到"如人之意"的效果，于是便有了"如意"的称呼。

今义：符合心意；一种象征吉祥的器物，用玉、竹、骨等制成，头呈灵芝形或云形，柄微曲，供赏玩。

漆黑

古义："漆"是自然界的产物，是漆树的汁液，刚流出的漆液被称为"生漆"，生漆在暴晒后会变成"熟漆"。在熟漆中加入氢氧化铁，就会制成黑色的漆，故有"漆黑"一说。

今义：颜色非常黑；非常暗，没有光亮。

禁止

古义："禁"指的是古代用来盛放物品的一种大型青铜礼器，起到戒酒的作用。

今义：不许可。